PLANTACIÓN DE
IGLESIAS

HECTOR HERMOSILLO

CÓMO COMENZAR BIEN PARA SEGUIR MEJOR

e625.com

EDGAR LIRA, ROBERT BARRIGER, ESTEBAN GRASMAN Y JUAN MEJÍAS

e625.com

PLANTACIÓN DE IGLESIAS
Héctor Hermosillo

Publicado por especialidades625® © 2019
Dallas, Texas Estados Unidos de América.

ISBN 978-1-946707-25-3

Todas las citas Bíblicas son de la Nueva Biblia Viva (NBV).

Editado por: Virginia Bonino de Altare
Diseño de portada e interior: Creatorstudio.net

Dedicatoria

Oh, mujer virtuosa, ¿quién podría haber realizado
algo de lo que hemos hecho juntos sin tu ayuda e
inspiración? A ti dedico este libro como homenaje, en
reconocimiento y en gratitud por todo lo que significas
para mí y para todos aquellos a los que, trabajando en
equipo, hemos podido alcanzar para el Reino de Dios.

ÍNDICE

PRÓLOGO

No existe nadie en el mundo que no necesite el evangelio de Jesús. Sin embargo, no todos lo saben. Lo que la mayoría sí reconoce es que necesita comunidad. Amar, ser amados, y un sentido de pertenencia y ahí es donde la necesidad del evangelio y la iglesia se entrelazan. Es por eso que es tan vital, urgente y estratégico seguir plantando comunidades de gracia, para que allí la gente se pueda conectar con la gran noticia de la cruz y la resurrección al instintivamente buscar ser aceptados y abrazados por un grupo de personas.

La Iglesia necesita más iglesias. Casas. Hogares. Escuelas. Centros comunitarios e instituciones de todo tipo infiltradas por personas que aman a Dios y a la gente, gestando nuevas comunidades de fe. Es bálsamo para corazones fragmentados y solitarios, muletas para familias fracturadas, plataforma de lanzamiento para proyectos de compasión y misericordia y un purificador para la sociedad. Cada ciudad necesita más y mejores comunidades de fe y por eso la tarea de plantar iglesias no es un tema que solo puede interesarle a los más osados o solamente a un grupo de pastores que ya excedieron sus instalaciones y tienen que pensar en otras sedes. La plantación de iglesias es un interés primario de cualquier discípulo de Jesús comprometido con la misión de hacer discípulos, y por eso me anima tanto que Héctor haya trabajado en estas páginas y que tengas este libro en tus manos. Todos los cristianos tenemos un rol en la plantación de iglesias y en la medida que entendamos mejor el alcance y la trascendencia de esta premisa, seremos mejores mayordomos de la oportunidad y el privilegio de hacerlo.

Este libro es un manual coloquial y claro acerca de las variables cruciales a considerar en la ecuación de plantar iglesias. Lo que

Héctor persigue con pasión en estas páginas es ayudarte a contar con un mapa claro del plan, no solo para entender su trascendencia sino para facilitarte la tarea, y desde ya creo que es vital que te comprometas con la reflexión propuesta en estas páginas y a la vez que promuevas en otros este compromiso diseminando los principios desarrollados a través de las reflexiones propuestas en este manual. Plantar iglesias es sin dudas importante pero no podemos quedarnos solamente en buenas intenciones o creer ingenuamente que existe una fórmula mágica para hacerlo. Necesitamos buenas instrucciones y la amplitud de criterio necesaria como para leer que hay distintas premisas para distintos contextos.

Gracias Héctor por haber escrito este libro pero sobre todo, por haber sido un pionero en ponerlo en práctica antes de volcarlo al papel. Gracias también a Robert, Esteban, Juan y Edgar por haber sido precursores en comenzar obras donde otros no se animaron y en haber perseverado donde otros fracasaron. Entre todos han trabajado en un material útil, innovador y urgente porque toda la Iglesia en Hispanoamérica necesita seguir plantando iglesias a donde quiera que el evangelio debe llegar, y eso siempre es, a todos lados.

Dr. Lucas Leys
Fundador de e625.com

CAPÍTULO
1

¿QUÉ?
- EN QUÉ CONSISTE LA TAREA -

Ignoré el evangelio de Jesucristo por más de 20 años, pero tan pronto como alumbró los ojos de mi entendimiento para reconocer la grandeza de la gracia de Dios para con la humanidad, en ese preciso instante me entregué a la tarea de anunciarles a todos mis conocidos, familiares, vecinos, y amigos el perdón de pecados y la vida que solo se encuentra en Él.

FUE TAN FUERTE LA LUZ DE JESUCRISTO DENTRO DE MÍ QUE TODO LO DEMÁS PASÓ A OCUPAR UN SEGUNDO LUGAR

¿Cómo no hacerlo?

Corría el año 1983, y yo estaba terminando mis estudios en el Conservatorio Nacional de Música de la ciudad de México. Era también parte de la banda de una de las estrellas más reconocidas de la música en español, viajando con él por toda América Latina, y, a la vez, trabajaba como músico de sesión, y participaba en festivales, orquestas, etc. Sin embargo, fue tan fuerte la luz de Jesucristo dentro de mí que, a pesar de que mi vida a los 21 años de edad no era para nada aburrida, todo lo demás pasó automáticamente a ocupar un segundo, tercero, o cuarto lugar. Solo me interesaba conocer y dar a conocer a ese Jesucristo tan anhelado y deseado por mí, tan buscado en tantos lugares y que de pronto, sin esperarlo, me había encontrado y había puesto dentro de mí un corazón nuevo para amarle y para amar a las personas hechas a su imagen y semejanza.

Lo que más me gustaba al asistir a mi escuela de música era salir a aquellos hermosos jardines a la hora del receso para leer la Biblia que me habían regalado en la célula donde yo había reconocido a Jesucristo como mi Señor y Salvador. ¡Cómo recuerdo esas palabras en rojo traspasando mi corazón, emocionándome hasta las lágrimas, y refrescando mi sed! Sed de amor, sed de un padre, sed de saber cuál era la razón de mi existencia... Todas mis preguntas se respondían con una sola palabra: Jesús.

Aún recuerdo a una señora que trabajaba para una editorial importante, exponiendo sus mejores libros y enciclopedias en el pasillo de la escuela. Cierto día, después de mi clase de acústica de las siete de la mañana y de mi tiempo de lectura de la Biblia, me aproximé intrigado por los libros que exhibía, cuando de repente vi en el centro de la mesa un libro enorme con una encuadernación tan lujosa que era difícil que pasara desapercibido. El libro capturó poderosamente mi atención, por lo que le pregunté a la señora qué libro era ese tan bonito.

Yo vivía sumergido en el mundo de la música, y ninguna otra cosa ocupaba mi mente... salvo que estaba viviendo un despertar espiritual. ¡Jamás imaginé que su respuesta fuera a ser "La Biblia"! Inmediatamente cautivado por el rumbo que estaba tomando la conversación, le pregunte ingenuamente: "¿Y usted la ha leído?". La señora me contestó con alguna de sus respuestas de mercadotecnia. Pero cuando terminó su discurso de rutina, yo inmediatamente le platiqué sobre lo que el mensaje de ese libro estaba haciendo en mí y en mi familia. Recuerdo que le dije: "De estar infectado con un resentimiento tóxico hacia mi padre, situación que literalmente me estaba matando, ¡Dios me ha dado la fuerza y el amor para poder perdonarlo con el mismo perdón con el que Él me perdonó a mí cuando entregó a su único hijo Jesucristo para morir en mi lugar en la cruz del calvario hace 2.000 años!". Sorprendidísima por la intensidad de mi comentario, y con un nudo en la garganta, esta señora me pidió que fuese a su casa a hablar con sus dos hijas, particularmente con una de ellas, ya que por la misma clase de resentimiento que yo había sufrido, ella no paraba de comer y estaba atentando así contra su propia vida. "Por supuesto que sí, con mucho gusto", le contesté. Yo vivía muy lejos de su casa, en dirección completamente contraria, pero ni por un segundo esto fue en mi corazón un impedimento para visitarlas. De modo que hicimos una cita.

Me preparé con mucha anticipación para el día acordado. Pasé antes a comprar algunos víveres (puesto que la señora me había comentado que no la estaban pasando bien en ese sentido), y llegué finalmente a su casa. Toqué la puerta, y pasé al salón principal de la casa donde sus hijas ya me estaban esperando. Inmediatamente entramos en tema, ya que les causaba mucha curiosidad que un joven, estudiante de música por un lado, y que viajaba como guitarrista con algunos artistas reconocidos de la música pop por el otro, tuviese una historia de transformación y de esperanza como la mía.

Conversamos mucho tiempo, leímos, lloramos, oramos, nos reímos, comimos... y decidimos que esta no podía ser una sola y única visita. Pensando en todas sus amistades y familiares más cercanos, esta mujer y sus hijas sintieron que algunos de ellos, sino es que todos, podrían beneficiarse al escuchar, no mi historia, sino

La Historia con mayúsculas. La Historia de Jesucristo; aquella que le da sentido a nuestras historias, y sin la cual ninguna historia, por diferente o destacada que sea, tiene sentido.

Así fue como comenzamos a reunirnos cada jueves por la noche. Durante la semana íbamos leyendo capítulo por capítulo el Evangelio de Mateo, cada uno por su parte, y los jueves yo traía una meditación preparada para compartirla con el grupo. Luego dedicábamos un largo tiempo a conversar sobre los detalles del texto, y a preguntas, respuestas, testimonios, y necesidades de oración.

El cambio en esas chicas fue casi inmediato. Su manera de pensar, de hablar y de tratarse eran ahora completamente diferentes... tanto que a su mamá, por algún inexplicable motivo, le dejó de gustar la idea de tener nuestra reunión de los jueves en su casa. Tal vez fue porque su sala se llenaba de muchachos y muchachas, no lo sé... Lo cierto es que sus hijas ya no eran las mismas personas. La rivalidad con el padre se había terminado, dado que ellas habían "rendido las armas" y habían decidido confiar en Dios dejando ese y todos sus asuntos en Sus manos. Pero como dije, por alguna razón que hasta el día de hoy no entiendo, su mama se disgustó. Tal fue su enojo y rechazo al mensaje de Jesucristo que un jueves me invitó a pasar a la cocina, y allí me pidió que no volviera a ver a sus hijas ni a hablar con ellas. Luego me corrió, prohibiéndome poner un pie nuevamente en su casa.

Todos los muchachos y muchachas que creyeron y rindieron su vida a Jesucristo durante esas reuniones, hasta el día de hoy permanecen en la fe. Algunos de ellos han formado lindas familias, y otros, solteros, han dedicado su vida para servir a Dios. Nunca durante ese tiempo estuvo en mi imaginación plantar una iglesia. De hecho, el concepto como tal escapaba completamente a mi vocabulario y a mi comprensión de aquel entonces. Tan solo éramos un grupo de chicos enamorados de Jesucristo, amándole cada día más, y deseando conocerle y darle a conocer.

Recuerdo otro momento especial, también por aquellos años 1983-84. Yo estaba de pie en las afueras de un templo presbiteriano que se encontraba completamente ocupado por la visita de un predicador itinerante que movía, no solo mi corazón sino el de muchos, con sus historias y su particular manera de presentar el mensaje de Jesucristo. Y en determinado momento tuve una sensación muy dentro de mi corazón de que Dios quería usarme a mí también para dar a conocer ese mensaje, esa historia, las buenas noticias de Jesucristo. ¡Me sentí tan honrado, tan lleno, tan feliz, tan emocionado! No podría

HE SIDO RECLUTADO PARA SERVIR A DIOS EN EL ESTABLECIMIENTO DE SU REINO AQUÍ EN LA TIERRA

describirlo. Solo sé que a partir de ese día la música para mí dejó de tener valor en sí misma. Todo lo que importaba era ese llamado que Jesús me había hecho para conocerle más y para darle a conocer.

No puedo explicarlo con claridad, pero lo que sé es que nada ha cambiado desde aquel día hasta hoy. He sido reclutado para servir a Dios en el establecimiento de su Reino aquí en la tierra, y cualquier cosa a la que dedique mi pensamiento, mi tiempo, mis recursos, etc., al final tendrá que ver con ese único fin.

Hubo otro hecho curioso por esos tiempos. En 1984 mi hermano Heriberto y yo visitamos España en una gira de otra artista para la cual trabajábamos en aquel momento. Estando en una barra de café en la ciudad de Bilbao, le preguntamos a la persona que nos atendía cómo llegar a la avenida principal, ya que en aquellos días en los que estábamos libres durante nuestras largas giras, nuestra costumbre era caminar y memorizar capítulos enteros de la Biblia. Un muchacho que se encontraba en el restaurante interrumpió nuestra conversación para ofrecerse a llevarnos allá, así que no molestamos más al camarero y aceptamos la invitación de este muchacho cuyo nombre resultó ser Antonio Ochoa. Mientras Antonio conducía el automóvil, mi hermano y yo intentamos introducir en la conversación un poco de nuestra nueva fe en Jesucristo, pero al final llegamos a aquella gran avenida, nos despedimos, y cada quien siguió adelante con su camino.

A mí siempre me han gustado las películas... para dormir. Pero mi hermano tenía, y tiene aún hoy, la afición de ver buenas películas. Así que después de caminar mucho entramos a ver una de esas películas de Hollywood dobladas al español (con acento español de España) que tan solo por el doblaje valió cada peseta que habíamos pagado por esos boletos. ¡Es que a los que estamos acostumbrados al doblaje al "español latino", ver una película en "español de España" nos resulta muy gracioso! Salimos de ese lugar ya de noche, y seguimos caminando por aquella larga y concurrida avenida. Era muy difícil avanzar por la gran cantidad de personas que había, y con mi hermano no sabíamos si pediríamos un taxi o si simplemente caminaríamos durante una hora hasta llegar al hotel, cosa que en esos tiempos era lo más común y divertido para nosotros. Estábamos debatiéndonos entre esas dos ideas, cuando "milagrosamente" nos encontramos de frente con Antonio y un amigo suyo (que, luego supimos, se habían dado a la tarea de buscarnos por la avenida principal por el espacio de 3 horas, y para ese momento de la noche ya estaban a punto de desistir de tan imposible misión). Antonio hizo como que ese era otro encuentro "casual", y una vez más, muy amablemente se ofreció a llevarnos hasta nuestro hotel. Esta vez no perdimos la oportunidad y le contamos sin rodeos sobre nuestros descubrimientos en los evangelios, en las cartas de Pablo, y en algunos otros libros de la Biblia que se habían apoderado de nuestro corazón. Pero, lo más importante, le hablamos de una experiencia de transformación, del testimonio del Espíritu Santo dentro nuestro diciéndonos que éramos hijos de Dios por el arrepentimiento y la fe en el Hijo de Dios, en nuestro Señor y Salvador Jesucristo. ¿Cómo siguió la historia? Nos citamos al día siguiente, y al otro, y al otro, para hablar, hablar y hablar, leer, leer y leer, todo lo que la Biblia enseña acerca del nuevo nacimiento, de la justicia de Dios, de la deidad de Jesucristo, y mil cosas más. Tal era el hambre de Antonio que cuando viajamos de Bilbao a Madrid se fue con nosotros, y se hospedó en nuestra misma habitación para así saciar su hambre y sed de conocer más de Jesucristo. Mi hermano y yo nos turnábamos para aprovechar el mayor tiempo

LA PLANTACIÓN DE UNA IGLESIA ES LA CONSECUENCIA LÓGICA Y NATURAL DE UN TRABAJO DE EVANGELISMO Y DISCIPULADO

posible con Antonio: yo hablaba y estudiaba con él durante el día, y mi hermano lo hacía de noche. La gira que estaba planeada para dos meses se interrumpió comenzando la tercera semana, así que tuvimos que despedirnos de nuestro nuevo hermano Antonio... pero más tardamos nosotros en llegar de regreso a México que lo que tardo él en alcanzarnos para continuar con nuestras extensas y muy emocionantes conversaciones. Estando él en México realizamos un viaje a una ciudad en las costas del océano pacifico, y allí le hicimos la invitación para bautizarse en el nombre de Jesucristo como respuesta a la ordenanza bíblica, invitación que él, emocionado, aceptó. ¡Mi hermano y yo nos convertimos así, aún siendo muy jóvenes, en padres espirituales de alguien!

Poco tiempo después Antonio regresó a su país, y allí conoció a Ma. Luz, con quien formó una hermosa familia. Pasaron muchos años hasta que Antonio y Ma. Luz recibieron la invitación directamente de parte del Señor para predicar el evangelio en su ciudad, Bilbao. Además de predicar, comenzaron a discipular a aquellos que habían creído, y con el paso del tiempo a un grupo no tan pequeño... ¡Antonio y Ma. Luz eran ya pastores de un muy bello rebaño! Sin darse cuenta, ellos se habían convertido en líderes espirituales de un grupo de discípulos que, a su vez, luego crecerían y se multiplicarían dentro y fuera de España.

Viví experiencias como estas muy a menudo, predicando el evangelio y comenzando grupos de discipulado con esos nuevos creyentes hasta que se formaba lo que parecía una iglesia... "¡pero no!; yo soy músico, y no puedo dedicar mi tiempo a tal tarea, aunque sea bella, apasionante y supergratificante; tengo una familia, debo proveer para ellos, y esto podría distraerme de lo que debe ser mi prioridad". O, mejor dicho, de lo que yo en ese momento entendía que debía ser mi prioridad. Hasta que finalmente abrí mis ojos a la realidad: La plantación de una iglesia es la consecuencia lógica y natural de un trabajo de evangelismo y discipulado. Al parecer, no existe en la Biblia algo como un "mandato de plantar iglesias", o al menos yo no he podido encontrar una sola referencia a ello, aunque la plantación de iglesias definitivamente ocurre y tiene un lugar importante en el Nuevo Testamento. Lo que sí es enfático en nuestras Biblias es el mandato del Señor Jesús, conocido como "la gran comisión", de hacer discípulos, bautizándolos y enseñándoles todas las cosas que él nos enseñó (Mateo 28:19-20). Dicho de otro modo, yo creo que el concepto bíblico sobre la plantación de iglesias es que es el evangelismo y el discipulado lo que resulta en el nacimiento de nuevas iglesias. ¡Es emocionante leer acerca del nacimiento de nuevas iglesias cada vez que surgen nuevos discípulos y son fortalecidos!

Tal fue, por ejemplo, el caso de la iglesia en Tesalónica que plantaron el apóstol Pablo y su equipo en su segundo viaje misionero. Tres días de reposo fueron suficientes para que Pablo expusiera frente los judíos de aquel lugar la obra y la identidad de Jesús, el Cristo, por medio de las Escrituras. Muchos hombres y mujeres respondieron al anuncio del evangelio de Jesucristo; algunos judíos, y también una gran cantidad de griegos piadosos (Hechos 17:1-4). En su primera carta, Pablo se dirige a ellos con palabras

PODRÍAMOS CALIFICAR LA TAREA DEL PLANTADOR COMO ARDUA, O INCLUSO SACRIFICIAL, PERO NO COMO COMPLEJA

muy dulces, diciendo que fue literalmente "como una nodriza que cuida con ternura a sus propios hijos" (1 Tesalonicenses 2:7, RVR60). También vemos en esta carta que, para entonces, los Tesalonicenses se habían convertido en un ejemplo de fe tan grande que desde allí se divulgaba la palabra del Señor hacia otros lugares.

Ahora bien, los pasos que yo puedo distinguir en esta "fórmula", por así llamarla, son: a) la predicación precisa del evangelio de Jesucristo, b) la respuesta de fe, c) el cuidado dedicado de esos nuevos creyentes, y d) la responsabilidad y madurez de los nuevos creyentes para transmitir el mensaje. Parece ser que ese es el ciclo de reproducción con el cual se produce el nacimiento de nuevas iglesias. ¿Dirías que este es un proceso difícil? Bueno, a decir verdad, de no ser por la vida nueva que solo Dios puede producir en el momento de la conversión por medio del derramamiento de su Espíritu en el corazón de todo aquel que cree en su Hijo Jesucristo, esta sería una tarea, no difícil, ¡sino imposible para el hombre! Aun así, podríamos calificar la tarea del plantador como ardua, o incluso sacrificial, pero no como compleja. Creo que las personas la hemos hecho compleja al añadir a este ciclo una serie de factores, como presupuestos, lugares, diferentes equipos para diferentes tareas, aspectos demográficos, y demás. Aunque es cierto que puedan colaborar, todos estos otros factores no son necesariamente determinantes en el hermoso y nada complejo proceso de ver a una nueva iglesia nacer.

Esa es la idea que me guía al escribir este libro. Tómalo como un "manifiesto" de lo que, en mi humilde opinión, resulta importante, o esencial en algunos casos, en la emocionante tarea de plantar iglesias siguiendo el mandato que el Señor Jesús nos dejó y el ejemplo de otros que también se atrevieron a creer que el mundo podría ser diferente si simplemente obedeciéramos el mandato del maestro.

PREGUNTAS PARA LA REFLEXIÓN

1 ¿Qué cambios han producido en mi vida mis encuentros más íntimos con Dios?

2- ¿Qué significa rendirse enteramente a Dios en este momento de mi vida?

3- ¿Cómo puedo aumentar mi sentido de urgencia por el evangelismo?

4- ¿Qué es lo que más me apasiona al ver a las personas crecer en su fe?

5- ¿Qué sentimientos me produjo leer este capítulo?

CAPÍTULO
2

¿QUIÉN?
- LA PERSONA QUE DIOS USA -

Aunque el plantador nunca actúa solo (no debe hacerlo, no podría hacerlo jamás) es cierto que "la visión" para una plantación siempre comienza en el corazón de una persona. Al orar acerca de esa visión y al compartirla luego con su equipo, la persona puede darse cuenta de que es algo que no está haciendo ella, que no comienza con ella, sino que Dios le ha estado hablando acerca de eso a muchos otros corazones, y lo seguirá haciendo. Pero... no podemos negar que siempre hay una persona que es la primera en saberlo.

Esto puede resultar aterrador, abrumador, y paralizante. Tan pronto como supe con claridad que Dios quería comenzar en la Ciudad de México

"LA VISIÓN" PARA UNA PLANTACIÓN SIEMPRE COMIENZA EN EL CORAZÓN DE UNA PERSONA

una iglesia diferente de las denominaciones tradicionales para alcanzar a gente nada tradicional, y que Él me había escogido a mí para comenzarla, lloré por la impotencia, por el temor, ¡qué digo temor, terror! al darme cuenta de que yo no era ni remotamente una persona con la experiencia, con los estudios teológicos y/o con la experiencia administrativa como para poner en marcha una iglesia como esta. Hoy en día, a poco más de 20 años de su fundación, puedo ver cómo este proyecto de Dios se ha convertido en un movimiento y en compañerismo entre iglesias muy grandes e influyentes dentro y fuera de la República Mexicana. Pero en ese momento yo solo podía ver que la lista de mis carencias era abrumadoramente mayor que la de mis habilidades. Aun así, las personas confiaron en mí, comenzaron a seguirme, y fueron animadas y enfocadas a confiar en Cristo y su Palabra. Y así fue como comenzó todo...

Si bien hemos oído con demasiada insistencia que "Dios no llama a los capacitados, sino que capacita a los llamados", creo que existe una serie de factores fundamentales que caracterizan a la persona que Dios decide llamar. No será el más inteligente, ni el más espiritual, ni el que más sabe, sino aquel en quien Dios ha depositado un serie de características como para poder encargarle una tarea tan importante. ¿Estoy diciendo que este hombre es elegido y destinado para tal misión, o que estas cualidades pueden desarrollarse a fin de empezar "con el pie derecho" este proceso de crecimiento hacia la madurez de ser un hombre de Dios en quien Él ha de glorificarse? No lo sé... No creo que esa pregunta tenga una respuesta fácil, ni creo tampoco que sea la pregunta más importante que debamos hacernos. La pregunta más importante que debes hacerte es: ¿Puedes ver en ti estas características? ¿Qué opina tu familia y tu equipo? ¿Dirías tú que eres una persona a la que Dios puede encargarle grandes cosas?

CONTRA LA CORRIENTE

Vivimos en una interesante época en la que ser cristianos es *"cool"* (chévere, chido, padre, tuanis, bacano, o como quieras decirle), y en que los pastores cristianos, particularmente los de iglesias emergentes (aquellas que, comprometidas con el evangelio, consideran tanto la tradición cristiana como los cambios culturales en su entorno, enfocándose predominantemente en las nuevas generaciones con cierto toque de profesionalismo, informalidad y "marketing"), son considerados en muchos círculos de personas jóvenes literalmente como celebridades. En este contexto, si yo te digo que una de las características de los líderes que Dios usa para hacer avanzar su Reino es que saben "navegar contra la corriente", esto es algo que necesita explicación.

La vida de Moisés se me hace muy interesante por los tremendos contrastes que presenta, por las variadas etapas que vemos en su crecimiento como líder, y porque él interviene en situaciones tan determinantes en la historia de la redención del pueblo de Dios. Por ello es que decidí tomarlo

> **UNA DE LAS CARACTERÍSTICAS DE LOS LÍDERES QUE DIOS USA PARA HACER AVANZAR SU REINO ES QUE SABEN "NAVEGAR CONTRA LA CORRIENTE"**

como un modelo, a fin de observar en él estas características, no de perfección, repito, sino de conciencia, determinación, y obediencia en la tarea que le fue encomendada.

El pueblo de Israel había vivido por 430 años en esclavitud y opresión bajo el yugo de Faraón en la tierra de Egipto. Ahora Dios los ha rescatado, y Moisés y su pueblo se encuentran ya del otro lado del Mar Rojo. Han experimentado, no solo el poder de Dios, sino también su cuidado y amor al guiarles con una columna de nube durante el día y con una de fuego durante la noche. Así habían vivido en aquel desierto ardiente del Sinaí, en el que se estacionaron por lo menos durante 11 meses para recibir instrucciones directamente de la voz de Dios antes de emprender su viaje a través de él hacia la tierra prometida. Dios había respondido a sus tempranas murmuraciones con una gran muestra de paciencia y misericordia:

> *"Y el Señor le dijo a Moisés: «He oído sus quejas. Diles que en la tarde tendrán carne y en la mañana podrán saciarse con pan. Y sabrán que yo soy el Señor su Dios»". (Éxodo 16:12)*

¡Qué manera la del Señor de hacerle saber a este pueblo una y otra vez que Él estaba con ellos! Y ahora llega el momento en el que la muy particular manera de ver las cosas que tenía Moisés, esa óptica tan diferente que caracteriza a las personas usadas por Dios, se hace presente.

El pueblo había salido del desierto de Sin por mandato de Dios para llegar directamente a Refidim, donde no había agua para beber. Sí, leíste bien. Dios guió a su pueblo a un lugar donde no tenían acceso a ese líquido que todo ser humano necesita para mantenerse con vida. El pueblo, como ya lo había hecho antes en otras ocasiones, pelea con Moisés. Tomando la ruta del conflicto y de la queja, ellos le reprochan: *"¿Por qué nos sacaste de Egipto? ¿Por qué nos trajiste a morir de sed aquí, junto con nuestros hijos y nuestro ganado?"* (Éxodo 17:3). Y hasta cierto punto tienen la razón, puesto que en obediencia y siguiendo la guía de Dios, ellos habían llegado hasta ese lugar para morir de sed... o al menos así se veían las cosas desde su óptica.

¡Qué difícil es ir en contra de la corriente cuando todo el mundo piensa igual y dentro de ti hay algo que te lleva a ver las cosas desde un punto de vista diferente, algo que te hace ser optimista... un punto de vista en el cual la perspectiva de Dios y un deseo por honrarle son lo único que te mueve, sin importar el costo!

"Yo no los traje a este lugar," les responde Moisés, "¡y cómo es posible que le exijan que se haga visible a Aquel que escuchó nuestro clamor en Egipto, descendió para ayudarnos, nos trajo en medio de prodigios, y no solo abrió el mar delante de nuestros enemigos, sino también preparó un futuro lleno de esperanza para nosotros y para nuestros hijos! Ustedes le están diciendo a Dios: 'Hazte presente, manifiéstate, ¿o acaso nos has abandonado?'. ¡Lo que están haciendo ustedes es literalmente tentar a Dios, poniéndolo a prueba! ¿Cómo pueden pensar que tienen ese derecho? ¿Cómo pueden cometer tal osadía?" (paráfrasis personal del autor sobre Éxodo 17:2b).

> MOISÉS SE MANTUVO "COMO VIENDO AL INVISIBLE", Y ESTO ES LO QUE HIZO QUE FUERA UN LÍDER DIFERENTE A LOS DEMÁS

Claro que podríamos hablar del valor que tuvo Moisés para enfrentar a todo un pueblo frustrado, sediento, y dispuesto a lo que sea... Pero lo que más me llama la atención aquí, y lo que considero está presente en las personas con las que Dios comienza literalmente una revolución, es la capacidad de hacer un diagnóstico preciso y real de la situación, poniendo atención, no solo a los detalles, sino a lo realmente importante. Fue Jesús quien nos enseñó *"No juzguen por lo que a ustedes les parece; juzguen con justicia"* (Juan 7:24). Y aquí vemos a Moisés haciendo exactamente eso.

"Una santa indignación" es lo que, según algunos autores y maestros de la Biblia, caracterizó siempre la vida de este grandioso líder. Moisés era imperfecto, impaciente, e incluso era torpe, y a pesar de su refinada educación, era poseedor de una gran ignorancia...

la misma que su suegro Jetro notó, y por la cual se atrevió a darle unos fantásticos principios de administración y consejería. Pero aquí vemos que Moisés simplemente se rehusó a considerar que a Dios se le podía tratar como a un sirviente, reduciéndolo tan solo al medio por el cual el pueblo podía conseguir todo lo que necesitaba. Moisés tuvo otra óptica. Él se mantuvo "como viendo al Invisible" (Hebreos 11:27), y esto es lo que hizo que fuera un líder diferente a los demás, capaz de navegar con éxito entre las difíciles aguas de la incredulidad.

LA PREGUNTA

Hoy en día los conceptos de "emprendimiento" y "emprendedor" están de moda. Los emprendedores son aquellas personas que tienen la capacidad de identificar oportunidades de negocio de tal forma que organizan una serie de recursos a fin de dar inicio a proyectos empresariales. Muchas de estas personas están haciendo la diferencia en sus países y en sus comunidades, y son altamente apreciadas porque en numerosos casos ellos han traído soluciones y respuestas que ni aun los gobiernos o las instituciones oficiales han podido darle a la gente.

Una de las características de estos líderes modernos es la iniciativa. La iniciativa, en su definición más simple, es la capacidad de transformar ideas en actividades. Dicho de otro modo, es la capacidad de poner "manos a la obra" y ver materializado el fruto de los sueños y del trabajo duro. Moisés, a diferencia de estos tan admirados y aclamados líderes de la actualidad, comenzó un paso más atrás. Quizás se trate de un paso muy pequeño, casi insignificante para muchos, pero es un paso que al final, a juzgar por éxito de su misión, su influencia y su posición (dada por Dios) para servir al Señor y a su pueblo, hizo toda la diferencia:

"Señor," clamó Moisés, "esta circunstancia es muy grave, ya que no solo este pueblo desfallece de sed, sino que su confianza en ti siempre es superficial, pasajera, repentina... ¡y con tanta desesperación, hasta me van a matar!". Incluso podríamos agregarle un poco de humor: "Y, Señor, pues... ¿Cómo te lo explico? Tú te quedarías sin tu líder...". Okey, reconozco que a veces suelo leer el texto bíblico con mucha imaginación. Pero lo que queda claro es que ni aun esa vara con la que había abierto el mar le infundía a Moisés tanta confianza como el hecho de saberse en el centro de la voluntad de Dios.

EL HOMBRE DE DIOS NO AÑADE, NO QUITA, Y NO EDITA NI MODIFICA LAS INSTRUCCIONES DE SU SEÑOR

Ahora bien, te pregunto a ti, lector: ¿cuánta gente conoces, gente bien intencionada, que asumiendo que conoce la voluntad de Dios, termina completamente fuera de la guía del Señor y, por lo tanto, fuera de su plan, de su protección y de su dirección? A mí me viene a la mente Uza, quien murió herido por Dios cuando por su cuenta se anticipó para sostener el arca de Dios sin antes haberle consultado (2 Samuel 6:6-7).

Y la lista podría seguir, pasando por muchos grandes "ejemplos" de líderes tan llenos de talento y determinación, pero que desestimaron la "debilidad" de humillarse delante de Dios, escuchar su voz, y traer sus peticiones, sus temores, sus planes a fin de ser investigados, revelados, confirmados, cambiados por Dios en su Palabra, a través de una sincera y desesperada búsqueda de su voluntad en oración. Saúl, aquel rey pedido por el pueblo, suplantó al verdadero Rey de

Israel cuando, desobedeciendo la instrucción divina, se le hizo buena idea perdonar al rey Agag, rey de Amalec, que había sido declarado enemigo perpetuo de Israel (Éxodo 17:16) La amonestación de Dios para Saúl a través de su profeta no se hizo esperar:

> *"Porque la rebelión es tan mala como el pecado de hechicería, y la soberbia es tan mala como la idolatría. Y ahora, por cuanto has rechazado la palabra del Señor, él te ha rechazado como rey".*
> *(1 Samuel 15:23)*

El hombre de Dios sabe escuchar lo que el Señor tiene que decir. No añade, no quita, y no edita ni modifica las instrucciones de su Señor. Según acabamos de leer, no poner atención a las palabras del Señor es tan grave como la hechicería, la soberbia y la rebelión. Cambiar sus conceptos por los míos, su ideas por las mías, sus planes por los míos, es simple y sencillamente idolatría.

¿Te parece una exageración preguntarle a Dios "qué quieres hacer, Señor, con tu iglesia"? ¿Es un detalle menor, antes de emprender un proyecto de plantación, clamar a Dios pidiéndole amor, sabiduría y dirección? Pudiera ser algo pequeño en la enorme lista de cosas para hacer que tiene un plantador, pero recuerda el proverbio popular: "Cuida las pequeñas cosas, que las grandes se cuidan solas".

El consejo bíblico en este sentido es abrumador, y vale la pena, plantadores, emprendedores, discípulos de Jesús, poner mucha atención:

> *"Es vergonzoso y necio responder antes de escuchar".*
> *(Proverbios 18:13)*

> *"Confía en el Señor con todo tu corazón, y no confíes en tu propia inteligencia. Busca la voluntad del Señor en todo lo que hagas, y él dirigirá tus caminos". (Proverbios 3:5-6)*

NO POR ELLOS, POR TI

El abuso del poder político ha convulsionado, a través de la historia, a infinidad de pueblos en cada uno de los continentes. Las más cruentas guerras han sido originadas por la ambición insaciable de personas que ocupaban posiciones de poder. También ha sucedido algo similar con el abuso religioso, ese que siempre ha existido y que busca servirse en lugar de servir, tan diferente al ejemplo del Maestro (Marcos 10:45). Mi percepción es que esto ha contribuido a moldear la actitud de esta cultura "milenial", caracterizada por un sinfín de cosas, una de ellas, la desconexión de los nuevos líderes de sus padres, de sus ancianos, y de todo lo que les suene a "lo establecido" o a "lo que debe ser".

Estos nuevos líderes, y quizás seas tú uno de ellos, simplemente dicen: "lo voy a hacer, no porque deba hacerlo, sino simplemente porque lo quiero hacer ya que considero que es lo correcto, y nada me va detener". En el caso de este gran líder en desarrollo, Moisés, él fue guiado a este lugar, Refidim, para recibir una de las más grandes lecciones que cualquier líder de cualquier época necesita recibir. Presta atención, porque de nuestra actitud hacia este principio depende en mucho el éxito o el fracaso de cualquier

UN HOMBRE DE DIOS NUNCA ACTÚA SOLO

esfuerzo que emprendamos para la extensión del Reino de Dios. Moisés se encuentra en esta situación complicadísima en la que literalmente el pueblo tienta a su Dios, poniendo en entredicho su bondad, su poder y su fidelidad a todas sus promesas. Él ha clamado a Dios por ayuda, y ahora está a punto de recibir una respuesta que le marcará, por no decir nos marcará, poniendo a prueba de qué estamos hechos:

"El Señor le contestó:

—Toma contigo a algunos de los ancianos de Israel, y lleva al pueblo hasta el monte Horeb. Allí te esperaré junto a la roca. No se te olvide llevar la vara con que golpeaste el río Nilo. Cuando llegues al monte Horeb, golpea la roca, y verás cómo de ella brotará agua suficiente para todos.

En presencia de los ancianos de Israel, Moisés hizo lo que Dios le había dicho, y el agua brotó de la roca". (Éxodo 17:5-6)

La primera parte de estos versículos enlista aquellas cosas que Moisés debería tener presentes en el momento de estar sobre la peña de Horeb donde Dios, al lado de Moisés, haría surgir agua de la roca. La segunda parte de estos versículos, de una manera reiterativa, resalta lo que para Dios era importante en ese momento, en ese lugar. Me refiero a la presencia de los ancianos.

Recordemos el contexto de este capítulo, que nos dice que Dios fue tentado, es decir, puesto a prueba por el pueblo. Tan trascendente fue esta provocación para Dios que a partir de ese momento se nos advierte en la Biblia vez tras vez "No tentarás al Señor tu Dios" (Deuteronomio 6:16; Mateo 4:7). De manera que, en mi opinión, estamos nada más ni nada menos que ante una especie de "juicio" de Dios, donde Él es puesto a prueba por su pueblo. ¡Qué cosa más osada! Y qué extraño suena, ¿verdad? Pero esa es la situación, y es por esto que Dios decide llamar a los ancianos, quienes representan la autoridad. Como podemos ver en distintos pasajes de las Escrituras, para cualquier asunto legal era importante el testimonio de por lo menos dos o tres testigos (Números 35:30; Deuteronomio 19:15; Mateo 18:16; etc.). El texto especifica y reitera que los ancianos llamados por el Señor son importantes, ya que ellos representan al pueblo y, a la misma vez, serán los testigos que luego podrán dar fe de la veracidad del acontecimiento.

Este principio me deja boquiabierto, porque me deja en claro que un hombre de Dios, un líder, un visionario, alguien que se atreve a ver lo que nadie ve, y que se asegura en oración que su iniciativa no vaya en sentido contrario a la guía de Dios, también es un hombre que nunca actúa solo, por su bien y por el de los demás. Los ancianos fueron convocados como testigos, para que pudieran dar fe de lo hecho por Dios en Refidim. ¿Puedes ver lo que estoy tratando de decir? Si Dios mismo se sometió al escrutinio de los ancianos, es decir, si Dios actuó bajo la "supervisión" de dichos ancianos, ¿cómo podrá un discípulo de Jesucristo actuar solo, sin considerar el consejo, el cuidado, la protección, la sabiduría y la guía de Dios a través personas mayores y más experimentadas?

EL QUE YO RECONOZCA A MIS ANCIANOS HABLA DE MÍ, Y DE MI DETERMINACIÓN A RENDIR CUENTAS

Cuando mi familia y yo recibimos la invitación de venir a los Estados Unidos a continuar con el llamado de predicar el evangelio, hacer discípulos, y ver florecer nuevas iglesias, yo tuve bien presente que una de mis asignaturas pendientes mientras trabajaba como pastor fundador de la iglesia *Semilla de Mostaza* en la Ciudad de México había sido el establecer ancianos (Tito 1:5). En ese momento yo no había encontrado personas con más experiencia que yo de quienes poder aprender, y que tuviesen (esto pensaba yo en ese entonces) la sabiduría necesaria como para darme perspectiva y apoyo en oración. Luego, cuando estudie Hechos 21, me encontré con un Pablo, general de generales, condecorado, quien con distintos equipos había llevado el evangelio a las ciudades más alejadas y a los lugares más apartados, llegando a Jerusalén con una ofrenda para los creyentes en extrema necesidad... y vi que, pese a que tenía una agenda seguramente muy nutrida, esa agenda la encabezaba la visita a su anciano y pastor Santiago, líder de la iglesia en Jerusalén. También leí como Santiago, después de gozarse mucho con Pablo por lo que Dios había hecho entre los gentiles por medio de su ministerio (Hechos 21:18-20) le dio junto al resto de los ancianos una "recomendación" (lo pongo entre comillas porque en realidad lo que Pablo recibió fue una serie de instrucciones).

Todo esto sin duda fue difícil de digerir para él por un sinfín de razones, pero Pablo, sin objetar, debatir o defenderse, escuchó con atención y siguió al pie de la letra el consejo de sus ancianos. ¿El resultado? Bueno, fue encarcelado nuevamente... pero a pesar de las pruebas tan terribles que vivió al estar otra vez cautivo como si fuera un criminal, esto le dio la oportunidad de cumplir el llamado tan particular que Dios le había hecho (Hechos 9:15 y 26:1-25), y al final se le concedió su deseo de ir a Roma por dos años (con todos los gastos pagos) para predicar abiertamente el mensaje del Reino de Dios y enseñar acerca de Jesucristo (Hechos 28:30-31).

Ahora que soy padre de adultos, estoy experimentando por primera vez esa realidad llamada "brecha generacional". ¡Existe! ¡Es real! ...Y es producida tanto por los que queremos imponer las cosas "como deben de ser", como por aquellos que se atreven a imaginar que los cosas pueden o deben ser diferentes. Pero hay un punto que debemos recordar: La necesidad de que cada discípulo de Jesucristo considere a sus ancianos, en principio, no habla de la calificación que estos tengan o dejen de tener ante nuestros ojos, ya que quien quiera que seamos, y sea cual sea el papel que estemos llamados a jugar dentro de la comunidad de fe, todos estamos en un proceso de crecimiento y madurez (1 Juan 3:2; Filipenses 1:6; etc.). De modo que el que yo reconozca y considere a mis ancianos más bien habla de mí, de mi deseo, de mi voluntad y de mi determinación (cueste lo que cueste) de caminar en la luz, de rendir cuentas, y de huir de lo oculto, del engaño y de la oscuridad que podrían seducirme fácilmente si eligiera caminar en soledad. Un discípulo de Jesucristo no tiene confianza en su carne (Filipenses 3:3); sabe que en él mora el Espíritu (1 Corintios 2:12) pero que, a la misma vez, conserva la antigua naturaleza: el mismo mal está inoperante, pero está en él (Ro.7:21). Por lo tanto, este discípulo desea vivir en luz y permanecer en la luz para tener y mantener su comunión con Jesucristo, así como con el resto de su cuerpo, que es la Iglesia. La Biblia dice que *"Dios es luz y en él no hay tinieblas"* (1 Juan 1:5), y que *"...si, al igual que Cristo, vivimos en la luz, entre nosotros habrá compañerismo, y la sangre de Jesucristo el Hijo de Dios nos limpiará de todo pecado"* (1 Juan 1:7). ¡La rendición de cuentas no es la iniciativa de nuestros ancianos para perseguirnos, investigarnos, y preguntarnos cómo van nuestros asuntos! La rendición de cuentas, vista a la luz de la Biblia, y ejemplificada tan bien por Pablo en Hechos 21, es la iniciativa del discípulo de buscar regularmente un tiempo, un lugar y una oportunidad para presentar ante los ancianos sus logros, sus victorias, sus fracasos, sus pérdidas, sus sueños, y sus temores, a modo de recibir perspectiva, apoyo, acompañamiento y oración.

El hombre y la mujer que Dios usa no actúan solos. Están rodeados de personas que aman a Dios, los aman a ellos, creen en ellos, y esperan lo mejor de Dios en y a través de ellos.

¿INTUICIÓN QUIZÁS?

El idioma inglés tiene algunos modismos interesantes. Uno que me llama la atención es "high maintenance", que traducido sería "alto mantenimiento", frase que se emplea para descubrir a una persona emocionalmente débil, muy necesitada de afecto, y altamente demandante. Dada la gran cantidad de exigencias que les imponen a los demás, este tipo de personas suelen terminar por drenar o arruinar la convivencia, la confianza y la relación en sí.

Hoy en día veo muchos jóvenes que, aun con un deseo sincero de servir y ser útiles para el Reino de Dios, se parecen un poco a estas personas de "alto mantenimiento", en el sentido de que solo si se les provee de determinados medios, si se les confían tales y cuales recursos, si alguien más hace esto o aquello, solo entonces se mueven o se suman a lo que otro ya comenzó a hacer para Dios. Este definitivamente no era el caso de Moisés. Él poseía una intuición muy aguda para poder analizar rápidamente la situación y saber qué hacer, sin necesidad de un jefe que tuviera que dirigirlo, motivarlo o recompensarlo por su trabajo.

En Éxodo 13:18 (RVR60) leemos: *"Y subieron los hijos de Israel de Egipto armados"*. Y ahora nos encontramos ante una situación en la que Moisés por primera vez se ve obligado a echar mano de esa fuerza militar, ya que hace su aparición en la Biblia Amalec, para pelear contra Israel en Refidim:

> *"Los amalecitas salieron a pelear contra el pueblo de Israel en Refidín. Entonces Moisés le ordenó a Josué: «Escoge a algunos hombres, y sal con ellos a pelear contra el ejército de Amalec. Mañana yo me pararé en la cumbre de la colina con la vara de Dios en mis manos». Josúe y sus soldados salieron a presentar batalla al ejército de Amalec. Moisés, Aarón y Jur subieron a la cumbre de la montaña".*
> *(Éxodo 17:8-10)*

Es interesantísimo observar aquí la inmediata reacción, la intuición y el talento de este hombre de Dios. Moisés había presenciado manifestaciones extraordinarias del poder y de la fidelidad de Dios a su Palabra. Él tenía también una vara en su mano, a través de la cual Dios había obrado una y otra vez grandes prodigios. Él sabía que con el gran "Yo soy" de su parte, tenía todo lo que necesitaba y más como para poder enfrentar y vencer a Amalec. Por lo tanto, simplemente actuó, sin esperar que nadie más lo hiciera por él.

Una escena similar es la que nos presenta el libro de los Hechos en el capítulo 16, cuando al gran apóstol Pablo, a la mitad de su segundo viaje misionero, luego de ser impedido por el Espíritu para continuar su travesía por Asia Menor, se le muestra una visión durante la noche: un hombre de Macedonia (la actual Grecia) le suplicaba que fuera allá y les ayudara. El versículo 10 ha sido fuente de

EL HOMBRE DE DIOS NO PIDE LÍDERES PRESTADOS, ÉL LOS DESARROLLA

muchísima inspiración para mi (inspiración acompañada de una que otra lágrima de emoción, por supuesto). Allí leemos:

> *"Cuando vio la visión, en seguida procuramos partir para Macedonia, dando por cierto que Dios nos llamaba para que les anunciásemos el evangelio". (Hechos 16:10, RVR60)*

¡Ellos no esperaron refuerzos, no se descorazonaron por la falta de recursos, y menos aún se atemorizaron por el largo viaje que tenían por delante, atravesando el mar Egeo hasta llegar al continente Europeo en busca de ese hombre!

La plantación de la iglesia en Filipos es algo que analizaremos con detalle más adelante, pero por el momento solo quiero destacar el hecho de que estos hombres no esperaban que las cosas sucedieran, ¡sino que las hacían suceder! Ellos no esperaban a que otro tomara la iniciativa, ¡sino que daban el primer paso!

PLANTACIÓN DE **IGLESIAS**

Citando la célebre máxima del pastor Chuck Smith, de quien el movimiento de iglesias *Semilla de Mostaza* aprendió tanto, es que te digo a ti hoy: "Ministra, no esperes que te ministren". ("Sirve, no esperes que te sirvan; suple, no esperes que te suplan..."). Cuando Dios te muestra una necesidad, sin duda (y esto lo vemos reiteradas veces en la Biblia) es porque Él te está invitando a suplirla.

¿Cómo reconocerla? ¿Intuición quizás...? La respuesta está en tus manos.

AMIGOS

Uno de los momentos más sensibles y vulnerables de mi vida como pastor y como plantador de iglesias fue cuando, en el año 2005, mi familia y yo nos mudamos a la ciudad de Chicago para comenzar una iglesia centrada en Jesucristo y basada en la Biblia. El cambio de país, de idioma y de cultura me fue muy difícil de asimilar. Sin embargo, me rodeé de gente muy valiosa, y a la vez muy diferente a mí, y esto me ayudó mucho.

También cerca mío, como parte del equipo primario de plantación ya existente en Chicago, había una persona con una forma de ser muy dominante, con mucha capacidad administrativa, y con conocimiento de ambos idiomas y ambas culturas. Él siempre tenía una agenda cargada para mí, y lo peor de todo es que tenía expectativas altas, no solo de mi desempeño (cosa que hubiera estado bien), sino particularmente de que se atendieran sus demandas, ideas, caprichos, y qué sé yo cuántas cosas más. Él constantemente criticaba mi estilo de liderazgo de delegar responsabilidades y no tareas. "¿Extraer principios estratégicos de la Biblia? ¡Qué locura! ¡Qué pérdida de tiempo!". Sí, aunque te suene raro, así pensaba esta persona.

Finalmente, en un viaje que hicimos juntos hacia México, él volvió a criticarme con palabras como: "Yo jamás seguiría a un líder débil como tú. Mírame, yo soy un líder fuerte", y yo decidí poner punto final a esa forma de abuso psicológico. Para ello, simplemente le dije lo que yo veía acerca de su supuesto liderazgo: "Mira, mi querido amigo, el líder no es la persona más inteligente, la más capaz, o la más espiritual; simplemente es aquella persona que voltea detrás de él y tiene una fila de seguidores".

Esa fue nuestra última conversación sobre el tema. A este líder su familia nunca lo había apoyado, jamás lo acompañaban a nuestras reuniones, no tenía amigos, y la novia que tenía desde hacía más de una década se veía triste y parecía, las veces que asistía, que participaba algo así como obligada, pues aunque estaba allí, estaba completamente ausente.

El caso de Moisés fue muy diferente. Él estuvo rodeado de gente muy valiosa, muy capaz. A él no solo lo seguía el pueblo entero como tal, sino que también supo ganarse el respeto y la confianza de la gente que más lo conocía. Qué difícil, ¿no te parece? Pero a la misma vez era algo muy natural, creo yo, porque Moisés era alguien completamente auténtico.

Amalec les había presentado batalla en el momento de más debilidad e inexperiencia de los israelitas. Lo primero que hace Moisés es voltear hacia atrás, y adivinen a quién encuentra justamente allí... ¡Claro, al mismísimo Josué! ¡Al hombre que le sucedería; al hombre que iba a ser usado por Dios para terminar a través suyo lo que había comenzado con Moisés!

El hombre de Dios sabe armar buenos equipos; equipos que hagan avanzar la obra mucho más allá de lo que ellos solos podrían hacerlo jamás. Pero el hombre de Dios no pide líderes prestados, ni menos aún, compra a sus líderes. Él simplemente los desarrolla. En el lenguaje corporativo, los departamentos de recursos humanos suelen tener una frase que encierra una gran verdad y que, por lo tanto, se ha convertido en algo en lo que ponen mucha atención: "La gente extraordinaria atrae gente extraordinaria". ¿Dónde están esas personas? Solo voltea hacia atrás, e invierte tiempo en ellos. Y por favor, no seas de los que les delegan tareas. Desde el principio, como en esta que es la primera aparición de Josué, haz lo que hizo Moisés y delega responsabilidades:

> *"Entonces Moisés le ordenó a Josué: «Escoge a algunos hombres, y sal con ellos a pelear contra el ejército de Amalec. Mañana yo me pararé en la cumbre de la colina con la vara de Dios en mis manos»".*
> *(Éxodo 17:9)*

A LA VISTA DE TODOS

> *"Mientras Moisés mantenía los brazos en alto, Israel ganaba, pero cuando los bajaba, entonces los amalecitas comenzaban a ganar terreno. Finalmente, Moisés sintió tanto cansancio que no podía tener los brazos más tiempo en alto. Entonces Aarón y Jur le pusieron una piedra para que él se sentara, y ellos se pusieron a sus lados, sosteniendo sus brazos en alto hasta la puesta del sol. Como resultado, Josué y sus soldados derrotaron al ejército de Amalec a filo de espada".*
> *(Éxodo 17:11-13, RVR60)*

Cuando leo mi Biblia, disfruto mucho de observar los detalles de la narrativa en los diferentes géneros en que es presentada. Y algo que siempre me ha llamado mucho la atención es lo poco mística que es la Biblia. Mientras mis ojos, por alguna extraña razón, tienden a atribuir a lo sobrenatural, a lo misterioso, a lo milagroso y sobrehumano aquellas cosas que, a simple vista, no tienen una explicación lógica, la Biblia no responde tales inquietudes o cuestionamientos. Simplemente no lo hace. Tal es el caso de esta escena sobre el collado, en la que Moisés alzaba sus manos y, mientras lo hacía, Israel prevalecía en la batalla. A esta escena se le ha tratado de dar un sinfín de explicaciones, todas posibles, claro que sí. Una de ellas es que Moisés estuviera orando, ya que en otros lugares de la Biblia, dicha postura está asociada con la oración (1 Timoteo 2:8). Mi desacuerdo surge cuando pensamos que el Señor está limitado por nuestra fe o por nuestra oración. Sonaría como que mientras Moisés oraba, Dios intervenía, pero cuando dejaba de orar... ¿cómo podía Dios mover sus manos si estaban atadas por la incredulidad? Bueno, yo tengo mis reservas para pensar así, aunque respeto de todo corazón a quienes así opinan. Sin embargo, cuando observo el texto, hay un par de cosas que me llaman la atención, comenzando por la visibilidad de Moisés ante su pueblo. El collado era un lugar estratégico para ser visto, y no por Dios, ya que Él nos anima a orar con la puerta cerrada, en lo secreto, sino que la posición sobre el collado fue estratégica para que Moisés fuera visto por el pueblo. Tan es así que fue efectiva mientras hubo luz del día, "hasta la puesta de Sol" (Éxodo 17:12b, RVR60). Para la oración no hace falta luz, ¿no te parece? Bueno, todo esto es para decirte que lo que yo creo es que el ejemplo de Moisés era poderoso, tanto que mientras él se mantenía con las manos levantadas en señal de confianza, el ejército de Israel se motivaba y prevalecía. Así fue como este pueblo comenzó esta nueva etapa de su historia como pueblo guerrero con una victoria importantísima, producto de la inspiración y el ejemplo de su líder.

En la Biblia encontramos muchos versículos que nos hablan de la importancia del ejemplo. Jesús les dijo a sus discípulos:

"Yo les he dado el ejemplo, para que hagan lo mismo que yo he hecho con ustedes". (Juan 13:15)

Y Pablo escribió a los Corintios:
"Sigan mi ejemplo, así como yo sigo el de Cristo".
(1 Corintios 11:1)

También el apóstol Pedro escribió en su primera carta:

"...como pastores, cuiden ustedes a las ovejas de Dios que están a su cargo. No lo hagan porque es su obligación ni por ambición de dinero, sino porque tienen el deseo de servir, como Dios quiere. No traten a los que están bajo su cuidado como si ustedes fueran dueños de ellos, sino sírvanles de ejemplo". (1 Pedro 5:2-3)

El ejemplo tiene consecuencias que trascienden la vida de la persona, ya que sus órdenes duran mientras esté viva, pero la inspiración que deja a otros a través de su ejemplo permanece para siempre.

PREGUNTAS PARA LA REFLEXIÓN

1.- ¿Qué tan natural me resulta, ante una situación difícil, enfocarme en las cosas eternas?

2.- ¿Qué es lo primero que me viene a la cabeza cuando me encuentro ante el dolor y la miseria humana?

3.- ¿Soy de los que actúan por instinto o por reflexión? ¿En qué situaciones puedo comprobarlo?

4.- ¿Llevo un registro escrito de lo que Dios me dice en su Palabra y de lo que yo le respondo en oración? ¿Para qué y cómo uso esas notas?

5.- ¿Cómo es mi relación con mi pastor? ¿Y con mis padres? (en caso de que sean creyentes). ¿Qué opinan mis ancianos (padres, pastores, mentores) acerca de mi deseo de plantar una nueva iglesia?

6.- ¿Tengo el hábito de buscar consejo, de abrir mi corazón y de compartir mis planes y pensamientos con mis ancianos, o necesito que me llamen a rendir cuentas para recién entonces hacer algo de lo anterior? ¿Qué puedo hacer para fortalecer este hábito? ¿Qué voy a hacer para crearlo si todavía no lo tengo?

7.- ¿Qué es lo primero que hago cuando Dios me muestra una necesidad?

8.- ¿Qué tan a menudo siento que soy una respuesta a las oraciones de otros? ¿Me resulta más natural dar, o recibir? ¿En qué situaciones lo noto?

9.- ¿Necesito siempre la ayuda de otros para comenzar a trabajar, o suelo tomar la iniciativa en poner manos a la obra? Pienso en casos concretos.

10.- ¿Quién ha sido hasta ahora mi mayor influencia?

11.- ¿Qué tan visible permanezco ante mi equipo?

12.- ¿Qué tipo de ejemplo soy para otros? ¿Un ejemplo a seguir, o un ejemplo a evitar? ¿Por qué?

CAPÍTULO
3

¿DÓNDE?

- EL CAMPO MISIONERO -

TEORÍA Y PRÁCTICA

El tratar de responder esta pregunta me ha producido mucho stress y una gran ansiedad al mismo tiempo. Y es que desde que salí de la ciudad de México me he encontrado con tantas culturas, costumbres, valores, y modismos a la hora de hablar (derivados del español, ¡pero todos tan diferentes a los míos!) que debo reconocer que, exceptuando la cuestión culinaria, por supuesto, tantas diferencias a menudo me asustan o me repelen, dejándome desconectado e incapacitado para poder servir a personas y a etnias tan diferentes a la mía. Muchas veces termino por aislarme, perdiéndome la oportunidad de apreciar la riqueza de la diversidad cultural, así como también la oportunidad de anunciar el evangelio a otras "tribus" (vistas como el conjunto de personas que comparten un origen, una lengua, costumbres y creencias).

Antes de venir a servir a los Estados Unidos en la plantación de la iglesia *Casa de Luz* en Chicago, mi hermano Heriberto constantemente me decía: "Ir a los Estados Unidos para alcanzar a la comunidad latina allá no tiene sentido. ¡Vives en la ciudad hispanoparlante más grande del mundo! En un radio de 200 kilómetros alrededor de la ciudad de México podrías alcanzar a más personas de las que jamás alcanzarías en los Estados Unidos. Y por si fuese poco, allá los latinos no tienen tiempo para nada.

Dios no es una prioridad para ellos, sino el trabajo. Esa es, después de todo, la razón por la que la mayoría de ellos viven allá. ¡Es una locura! ¡Desiste!".

Después de vivir en los Estados Unidos por más de 14 años, debo reconocer que las palabras de mi hermano tenían mucho de verdad. De hecho, este tema me mantuvo muy pensativo al venir a California con la consigna de reincorporarnos al movimiento de iglesias *Semilla de Mostaza* que mi esposita Gaby y yo habíamos comenzado en la ciudad de México en el año 1996. Ahora estábamos comenzando desde cero nuevamente, predicando a Cristo, haciendo discípulos, y viendo florecer la primera de muchas iglesias *Semilla de Mostaza* en el sur de California y, por qué no, en el norte de la de la República Mexicana. La realidad es que en el caso de los latinos en California, muchos de ellos no han cruzado la frontera; la frontera la cruzaron sus antepasados hace mucho tiempo, y ellos han nacido aquí, han crecido aquí, y su cultura es tan ajena a la nuestra como lo son sus valores y, en la mayoría de los casos, también su idioma. ¡Aún puedo recordar la cara de rechazo y de repulsión que me pusieron tantas personas al tratar de aproximarme a ellas "atreviéndome" a establecer una conversación en español! Finalmente, el tener que enfrentarme a tantas barreras que los hombres mismos han puesto, unos en contra de otros, me ha invitado a la reflexión a la hora de intentar encontrar una respuesta al interrogante: "¿Cuál es el lugar ideal para plantar una iglesia?".

Las preguntas que solemos hacernos los plantadores son muchas. Por ejemplo, este lugar, ¿debe tener que ver con mis gustos, o con mis capacidades personales? ¿Podría yo ser más efectivo con el uso de mis dones en un lugar que en otro? ¿Es el lugar para plantar una nueva iglesia algo que yo deba decidir?

La larga lista que componen estas y otras preguntas similares suele producir en el plantador, y por ende en su equipo, una gran incertidumbre y ansiedad. ¡Pero yo tengo la respuesta! Bueno, no es que la concebí, ni que la imaginé, y tampoco la escuché de algún un pastor famoso mientras compartía con otros pastores "su salsa secreta" para plantar iglesias exitosas e influyentes en su comunidad. La respuesta la encontré en la Biblia, por supuesto. Para ser

¿ES EL LUGAR PARA PLANTAR UNA NUEVA IGLESIA ALGO QUE YO DEBA DECIDIR?

más preciso, en esa especie de entrenamiento que el Señor les da a sus discípulos antes de enviarlos a predicar sobre el Reino de Dios por todo el mundo. Se trata de un entrenamiento con un gran énfasis, no en lo teórico, sino en lo práctico (¡como me gusta a mí!). Leamos juntos:

> "Habiendo reunido a sus doce discípulos, les dio poder y autoridad sobre todos los demonios, y para sanar enfermedades. Y los envió a predicar el reino de Dios, y a sanar a los enfermos. Y les dijo: No toméis nada para el camino, ni bordón, ni alforja, ni pan, ni dinero; ni llevéis dos túnicas. Y en cualquier casa donde entréis, quedad allí, y de allí salid. Y dondequiera que no os recibieren, salid de aquella ciudad, y sacudid el polvo de vuestros pies en testimonio contra ellos. Y saliendo, pasaban por todas las aldeas, anunciando el evangelio y sanando por todas partes". (Lucas 9:1-6, RVR60)

Al leer este pasaje repetidamente, he observado que después de darles la habilidad (poder) y el derecho (autoridad), el Señor les da a sus discípulos tres instrucciones muy precisas acerca de la manera en la que ellos deberían proclamar la llegada del Reino de Dios. Permítame poner estas instrucciones en mis propias palabras, tratando de parafrasear los versículos 3 al 5:

La primera: "Asegúrense de tener el único recurso que realmente necesitan: a mí".

La segunda: "No intenten escoger la audiencia 'apropiada', ya que yo he dispuesto que la audiencia más necesitada de mí sea quien los escoja a ustedes".

La tercera: "No existe un lugar mejor que otro, ni un lugar más apropiado que otro para que mi Reino se extienda; todos los lugares son apropiados, ya que toda la tierra debe ser llena de mi conocimiento, así como las aguas cubren el mar" (aquí he combinado el pasaje de Lucas con Habacuc 2:14).

Más adelante, en Lucas 9:10, leemos que tan pronto ellos regresaron, le contaron a Jesús todo lo que habían hecho, y que Él, tomándoles aparte, se retiró con ellos a un lugar desierto de la ciudad llamada Betania. Pero, evidentemente, las cosas no habrían de quedarse así, ¿verdad? Su Señor y Maestro estaba a punto de evaluarlos a través de un examen riguroso y detallado acerca de sus enseñanzas.

¿Te ha tomado examen el Señor alguna vez? ¿Sí? Pues entonces sabes bien a lo que me refiero. Resultó ser que, estando allí en Betania, llegó la gente que quería saber acerca de ese Reino tan esperado, el cual ahora era anunciado por los discípulos. Como era de esperarse, el Señor los recibió y sanó a todos los que necesitaban ser sanados. Y entonces llegó el examen. De repente, los discípulos se dieron cuenta de que esta multitud (según Mateo 14:22, unos cinco mil hombres, sin contar a las mujeres ni a los niños) no tenía ni alojamiento ni sustento. El lugar era literalmente un desierto en el que no había nada apropiado para poder ayudar a esa multitud hambrienta, y lo único que tenían entre sus recursos económicos eran cinco panes y dos pescados. ¿Cómo reaccionan los discípulos frente a esto? Bueno, ellos deciden que esa gente no era la clase de gente a la que querían servir, y que ese lugar no era la clase de lugar donde ellos se veían a sí mismos desarrollando un ministerio exitoso, y que además su presupuesto no incluía los recursos suficientes como para suplir todas las necesidades de tan numeroso grupo de personas.

¿Qué calificación les pondrías tú? ¡Exactamente! En el examen teórico sin duda merecían un "muy bien 10", un "100/100", o una "A", pero en la práctica merecían un reprobado por cerrarle su corazón a la gente necesitada, por calificar el desierto como un lugar inapropiado para servir a otros, por desestimar el poder creativo y la infinita misericordia de Jesús como su más importante recurso, y por poner su confianza tan solo en los medios materiales que tenían a la vista.

Sin embargo, si analizo con honestidad mi propia vida, puedo ver que en ocasiones yo también, al igual que los discípulos, he cuestionado a la gente a la que sirvo ("no hablan mi idioma, no tienen mis costumbres, no me entienden..."), o el lugar al que Dios me ha traído ("la comunidad latina es una minoría en los Estados Unidos, no tienen influencia, vivimos segregados en el sur de California..."), o los recursos que Él me ha confiado ("necesito un edificio, dinero para contratar a tres personas de tiempo completo..."). Después de tantos años en el ministerio, este examen teórico-práctico de Jesús a sus discípulos logró confrontarme con aquellas cosas que considero valiosas y en las que he puesto durante tanto tiempo mi confianza.

He descubierto que, por la sofisticación y el refinamiento de los métodos y estrategias en el ministerio (que, por supuesto, tienen su lugar, pero no debe ser el principal), yo había llegado a pensar que tenía el derecho de escoger a "la mejor audiencia", que el lugar para servir debía ser "el que mejor se adaptara a mis expectativas de crecimiento", y que un gran presupuesto y una buena estrategia para levantar fondos, con donadores apasionados y comprometidos con la visión, era todo lo que necesitaba para sostener una obra o una nueva iglesia en proceso de plantación.

Ahora he tomado la audaz decisión de reconciliarme con los principios que siempre creí y que siempre abracé.

LA TERCERA CULTURA

El libro *"The monkey and the fish"* (título que en español significaría "el mono y el pez") por Dave Gibbons, resultó ser para mí una lectura fascinante. Separándose de las soluciones "cosméticas" para enfrentar y resolver retos tan grandes como la diversidad étnica o la diversidad cultural, el autor plantea y abraza una solución muy diferente a favor de la reconciliación racial. Tradicionalmente, los estudios en este sentido pretenden llamar nuestra atención sobre la realidad de la diversidad racial y su correspondiente e inevitable segregación de las minorías, en particular las de primera generación, ya que resulta muy difícil, y a veces hasta imposible, ayudarlas a florecer dentro de una cultura tan diferente a la suya que, a la vez, repele también su idioma, sus costumbres, sus valores, etc.

Las soluciones para esto, repito, suelen ser tan solo superficiales, y en general tienen que ver con la contratación de personal proveniente de otras culturas para atender a estas minorías, la adaptación del estilo de música que se les presenta, e incluso la modificación o ajuste de las ilustraciones que se dan desde el púlpito, y otras medidas por el estilo. Pero Dave se atreve a ver el asunto desde una óptica completamente diferente, mientras nos explica lo que él y un grupo de discípulos de su iglesia New

Song se arriesgaron a hacer para poner fin de una vez por todas a la separación entre ellos y las personas a su alrededor que eran diferentes.

Para Dave, la "primera cultura" es aquella que es dominante para nosotros; es la cultura donde cada uno de nosotros vivimos, donde crecimos y nos desarrollamos; es la cultura dentro de la cual nos sentimos cómodos. La "segunda cultura" es la de aquellos que no se sienten cómodos con la primera cultura, y que a menudo reaccionan en contra de ésta, rechazándola, aunque se trate de la cultura de sus padres. La "tercera cultura" es la de los que se sienten cómodos con las dos primeras y aun así son capaces de abrazar una tercera completamente diferente. La tercera cultura tiene que ver con la adaptación, con una mentalidad que permite pensar en "ambos", en lugar de pensar en términos de "unos

EXISTEN OTROS FACTORES IMPORTANTES QUE ESTOS INDICADORES TRADICIONALES NO PUEDEN MEDIR

u otros". Esta tercera cultura no trata de erradicar o de evadir las diferencias sociales, étnicas o culturales, sino que las reconocen, las abrazan y las celebran. La tercera cultura acepta el hecho de que en la interacción entre las diferentes culturas habrá fricción, quebranto y dolor, y aun así decide abrazar esa manera de pensar antes de ser elitista, exclusiva o indiferente. La tercera cultura, dice Gibbons, "es un regalo".

Mientras que la Iglesia de hoy en día está empleando muchas estrategias efectivas para llegar a los diversos grupos étnicos aún no alcanzados, la tercera cultura no es una estrategia sino una manera en la que la gente de New Song ha decidido vivir. Y ellos tienen muy claro el propósito de tan osada decisión: amar a Dios, y amar al prójimo.

¿DIFERENTES MANERAS DE MEDIR?

Los estudios demográficos acerca de los diferentes campos misioneros arrojan una enorme cantidad de información, la cual obliga a la toma de decisiones importantes e inteligentes a fin de calcular el riesgo, reducir el margen de error, y establecer toda clase de presupuestos equiparando los recursos existentes con las necesidades tangibles en el campo misionero. Una vez comenzada la plantación, una práctica de los equipos más eficientes es escoger algunos puntos de medición que arrojen luz acerca del crecimiento saludable de la nueva comunidad. Es allí donde el debate comienza, porque aunque podamos guiarnos por las medidas tradicionales como asistencia, ingresos, bautismos, etc., existen otros factores importantes que estos indicadores tradicionales no pueden medir.

A finales del 2018, una caravana de miles de personas provenientes de Centroamérica, mayormente de Honduras, atravesaba México anhelando llegar a alguna de las fronteras con los Estados Unidos para buscar asilo político. El año 2018 fue un año sensible para nuestra iglesia de reciente plantación en Tijuana, ya que quien había sido el pastor principal durante los primeros 3 años, y quien con su enseñanza y su ejemplo había moldeado mucho del ADN de esa comunidad, dejaba el cargo por razones estrictamente personales. Aunque mi corazón está en Tijuana, mi familia y yo vivimos unos 150 kilómetros al norte de allí. No es muy lejos, pero no es muy cerca tampoco. Y tanto el equipo del ministerio local en Tijuana como yo, sabíamos que la mayoría de las personas en esa caravana llegarían finalmente a Tijuana ya que, debido a la inseguridad y a la violencia que se vivía en la zona del Golfo de

México, esa y otras caravanas a menudo optaban por el camino más largo, pero más seguro. Mientras todo esto ocurría, y estando yo de viaje, vi en los noticieros que la llegada de esa famosa caravana a la ciudad de Tijuana había sido todo un caos. Escenas de violencia y de descomposición social poblaban las noticias, mientras las autoridades locales no se pronunciaban ni a favor ni en contra. Parecía que aquello era "tierra de nadie".

Entonces recordé que Centroamérica tiene, en general, un alto porcentaje de creyentes evangélicos, y asumí que probablemente habría muchos de ellos en la caravana. Así que el siguiente pensamiento fue: ¿qué tal si, aprovechando las festividades de fin de año, vamos al albergue donde está la mayoría de ellos concentrados y les ofrecemos un concierto, regalos para los pequeños, y una cena en la que, recordando el nacimiento de Jesucristo, se les invite a "buscar la Paz de la ciudad" (Jeremías 29:7), en este caso

ORGANIZAR UN CONCIERTO ALIMENTARÍA MI EGO, PERO NO LOGRARÍA NADA PERMANENTE EN LA VIDA DE NINGUNA DE ESTAS PERSONAS

Tijuana, y así, comenzando con nuestros hermanos refugiados, orar para influir sobre el resto de la caravana y así bajar los ánimos?

Hicimos de inmediato los arreglos para visitar el refugio Benito Juárez donde estaban concentrados miles de ellos. Al llegar a ese lugar y conseguir entrar al área de alojamiento, pudimos ver las condiciones tan tristes y desesperantes en las que se encontraban estas personas después de semanas de caminatas, fríos, insultos, y demás sufrimientos. Mi corazón se partió al ver a dos pequeñitas ser bañadas a la intemperie, con solo una pieza de ropa interior puesta cada una, a temperaturas invernales, y en medio de una multitud urgida de servicios vitales (como agua potable, por mencionar solo uno). ¡Estas niñas me recordaron tanto a mis dos hijas cuando eran pequeñas! Eran dulces y hermosas, solo que se encontraban en unas condiciones que mis hijas jamás habían conocido.

Luego noté que el resto de las personas en el refugio, al vernos bien vestidos y ajenos a su realidad, parecían extrañadas, desconfiadas, e incluso se mostraban en algún sentido como amenazadas. Mientras tanto, por dentro, yo pensaba, ¿qué diferencia pueden hacerles un concierto, una cena y unos regalos a estas personas que se encuentran desesperadas en busca de un hogar seguro para sus hijos? Organizar un concierto de seguro alimentaría mi ego, y satisfaría mis inquietudes e ideas religiosas, preconcebidas y desgastadas, pero no lograría nada permanente en la vida de ninguna de estas personas.

Con todo esto pasando por mi cabeza y mi corazón, salimos de aquel albergue y conocimos a la Sra. Mari. Allí comenzó mi aprendizaje. Mari había viajado desde Tapachula, al sur de Chiapas, después de haber cruzado la frontera proveniente de su Honduras natal. Venía con su nuera, sus dos nietos pequeñitos, y sus dos hijas. Su hija de 16 años venía en su sexto mes de embarazo, huyendo del padre, un pandillero en su país al que hizo mención cuando me comentó: "Yo a mi país, con él, no vuelvo excepto muerta". Su otra hija, de 21 años, había quedado varada en la frontera entre México y Guatemala, ya que la habían deportado separándola del resto de la caravana. A ella la ayudaron a cruzar el río unas personas que la pusieron en una casa de seguridad sin comida, y quienes le hicieron la promesa de llevarla a la Ciudad de México para después, decían ellos, reunirla con su mamá. Siendo yo padre en ese entonces de una niña de justo 21 años de edad, me horrorizó que mi hija, como esa jovencita, pudiera ser víctima de esclavitud sexual. Al oír esta historia, desistimos por completo de la idea de hacer algo a nuestro gusto "para mucha gente", y decidimos enfocarnos en el caso de la señora Mari.

De inmediato agotamos todos nuestros contactos preguntando quién en Tapachula podría ayudarnos a rescatar esta jovencita. Después de muchos intentos dimos con un pastor valiente de una iglesia denominacional quien, junto con su esposa, arriesgaron sus vidas para poner a esta muchachita a salvo. Habíamos reunido dinero para que Mari y su familia rentaran un lugar donde estar más seguros, pero ella decidió usar ese dinero para ir por su hija hasta la frontera sur de México y traerla consigo de regreso a Tijuana y esperar la fecha de su cita de migración. Después de muchas situaciones que pasamos juntos, ellos fueron a

¿DE QUÉ MANERA NOS ESFORZAMOS PARA HACER SENTIR A TODOS BIENVENIDOS?

su cita de migración y fueron detenidos por algunos días, toda la familia. Cuando salieron de su detención, ya del lado americano y con grilletes en sus pies, nuestra iglesia en California ya estaba lista con boletos de avión para toda la familia, para que se reunieran en Indiana con el resto de la familia que había viajado antes que ellos. Luego de un tiempo nos enviaron fotos del bebé recién nacido. Gracias a Dios, el sueño de que ese bebé naciera en condiciones dignas se cumplió.

Estando ya en Indiana, nuestra iglesia en Chicago se hizo presente de muchas formas, incluso ayudándoles a mudarse a Chicago para que allí pudieran tener mejores oportunidades para toda la familia. Un fatal accidente le arrancó la vida a la nuera de la Sra. Mari dejando viudo a su hijo y huerfanitos a sus nietecitos. Lloramos con ellos, ya que esto ha sido muy doloroso.

¿Por qué te estoy contando toda esta historia? Para mostrarte cómo funciona en la práctica cuando decidimos cambiar las medidas tradicionales de éxito por medidas que reflejen esa "tercera cultura" que no impone las condiciones ni reacciona en contra de lo establecido, sino que decide incluir y abrazar a aquellos que son diferentes, respetando sus costumbres, sus valores, y, lo que es más, celebrando las diferencias entendiendo que en ellas se refleja la multiforme gracia de Dios (1 Pedro 4:10, RVR60).

¿De qué manera empieza a cambiar el esquema social de la comunidad a raíz de la plantación de nuestra nueva iglesia? ¿Qué opinión tienen los establecimientos comerciales, las autoridades, y los vecinos acerca de nuestra nueva iglesia? ¿De qué manera nos esforzamos para hacer sentir a todos bienvenidos, y no solo a un grupo demográfico en particular? ¿Cuánto tiempo pasamos cada uno de nosotros estableciendo relaciones significativas con personas de otras culturas? ¿Cómo podemos medir el impacto y la diferencia que el Evangelio hace en la vida de una persona? Estas son tan solo algunas de las nuevas medidas (no numéricas, sino relacionales) a las que debemos prestar especial atención.

MÁS IMPORTANTES QUE LAS RESPUESTAS, SON LAS PREGUNTAS

Es muy común que los padres estemos respondiendo constantemente preguntas que nuestros hijos no nos están preguntando. Los políticos dan soluciones a problemas que las personas no están enfrentado o no consideran una prioridad. Los profesores responden preguntas que los estudiantes dejaron de hacer hace mucho tiempo. Y los pastores nos afanamos por responder cuestionamientos y dilemas que las personas ya no tienen, siendo muchas veces sus necesidades y sus interrogantes completamente opuestas a lo que nosotros presuponemos. Este es uno de los motivos por los que se me hace fascinante la manera que

DEBEMOS APRENDER A HACERNOS LAS PREGUNTAS CORRECTAS A NOSOTROS MISMOS

tenía Jesús de responder a base de preguntas los cuestionamientos, ya fueran bien o mal intencionados, que constantemente la gente le hacía.

"Maestro, ¿qué tengo que hacer para heredar la vida eterna?", le preguntó para probarle aquel intérprete de la ley. Y Jesús le contestó: "¿Qué está escrito en la ley? ¿Cómo la interpretas tú?" (Lucas 10:25-26, NVI). Jesús, con su pregunta, tuvo la claridad y la precisión de colocar a este hombre frente a esa verdad que todo ser humano necesita enfrentar, frente a esa razón detrás de la cual los discípulos de Jesús hacemos todo lo que hacemos: "...Amarás al Señor tu Dios con todo tu corazón, con toda tu alma, y con todas tus fuerzas, y con toda tu mente; y a tu prójimo como a ti mismo" (Lucas 10:27, RVR60).

Por supuesto que todo lo que yo pueda hacer por amor al "Señor mi Dios" debe ser una respuesta a lo que Él es, y a lo que, para su gloria, Él ha hecho por mí a través de Jesucristo mi Salvador. Pero hay una importante revelación al final de este gran mandamiento, y es que allí se deja bien claro que la comprobación de mi amor por Dios es la manera, la intensidad y la dedicación con la que yo amo a mi prójimo.

También el apóstol Juan deja claro este principio en su primera carta: "*...Pues el que no ama a su hermano a quien ha visto, ¿cómo puede amar a Dios a quien no ha visto?*" (1 Juan 4:20, RVR60).

Durante años pensé que mi prójimo eran aquellas personas cercanas a mí, semejantes a mí, con las mismas necesidades, costumbres, y cultura que yo. Quizás por un error muy común en el que caemos muchos discípulos de Jesús, que leemos las Escrituras asumiendo que ya sabemos lo que dicen, y entonces simplemente acomodamos su mensaje a un significado preconcebido o heredado, como en este caso en el que la palabra y el concepto de "prójimo" solo significaban para mí aquellos que están próximos, mis semejantes. Lo interesante y revelador de este encuentro con Jesús es que este intérprete de la ley tenía, al igual que yo, una idea propia, distorsionada, y no bíblica, una opinión y nada más, acerca del significado y de la identidad de su "prójimo". En su caso, dado que los judíos esperaban la restauración del reino de Israel y, en mi opinión, estaban un poco como obsesionados por el aspecto político de este hecho (Génesis 49:10; Daniel 7:27; Hechos 1:6; etc.), ignoraban el otro aspecto del Reino, el de ser luz y bendición para todas las naciones de la tierra (Génesis 12:1-3; Isaías 19.22-25; Romanos 3:29; etc.). Por lo tanto, para ese hombre, su prójimo eran los de su mismo linaje, los de su misma nación. Pero por alguna razón, tal vez para justificarse, o tal vez para poner en evidencia que la agenda de Jesús era cumplir ambos propósitos, extendiendo su reino a los gentiles (Lucas 4:18-30), que eran considerados por algunos círculos judíos del primer siglo literalmente como "perros", por alguna razón, repito, este hombre le preguntó a Jesús: "¿y quién es mi prójimo?" (Lucas 10:29b). Y Jesús, antes de hacerle la pregunta que todo discípulo, plantador, pastor, equipo de ministerio, etc., debe responder a fin de recibir la guía y la dirección correcta para cualquier esfuerzo tendiente al avance del Reino de

Dios, le cuenta lo que la literatura universal califica como una de las mejores historias, y una de las mejor contadas. Me refiero a la historia que se conoce universalmente como "la parábola del buen samaritano", que dice así:

> *"...En cierta ocasión, un hombre iba de Jerusalén a Jericó y cayó en manos de unos ladrones. Estos le quitaron todo lo que llevaba, lo golpearon y lo dejaron medio muerto. Entonces pasó por el mismo camino un sacerdote que, al verlo, se hizo a un lado y siguió de largo. Luego, un levita pasó también por el mismo lugar y, al verlo, se hizo a un lado y siguió de largo. Pero un samaritano que iba de viaje por el mismo camino, se acercó al hombre y, al verlo, se compadeció de él. Llegó adonde estaba, le curó las heridas con vino y aceite, y se las vendó. Luego lo montó sobre su propia cabalgadura, lo llevó a un alojamiento y lo cuidó. Al día siguiente, le dio dos monedas de plata al dueño del alojamiento y le dijo: 'Cuídeme a este hombre, y lo que gaste usted de más, se lo pagaré cuando vuelva'. ¿Cuál de los tres piensas que se comportó como el prójimo del que cayó en manos de los ladrones?". (Lucas 10:30-36)*

Aquí Jesús utiliza el personaje del samaritano, que representaba para aquel intérprete de la ley un enemigo, una amenaza, un pagano, un miembro de un pueblo enemistado con Israel, para representar a aquel prójimo en el que Dios siempre ha pensado, y por el que ha querido siempre usar a su pueblo para llevarle bendición y alivio. El odio de los judíos hacia los samaritanos lo podemos percibir con claridad en textos como Lucas 9:51-54, Juan 4:9 y 8:48, etc. ¿Y qué método usaría el Señor Jesús para confrontar a este intérprete de la ley con la verdad? Exacto, nuevamente una pregunta, que en este caso se convierte en la pregunta: "*¿Cuál de los tres piensas que se comportó como el prójimo del que cayó en manos de los ladrones?*". O, más sintetizada a efectos de nuestra reflexión: ¿Quién te parece que es tu prójimo?

Ninguna respuesta ensayada o dogmática que pudiera haberle dado Jesús le hubiera traído a este hombre tal cantidad de luz como la que le trajo esta pregunta, ya que fue precisamente esta pregunta la que lo guió a la respuesta correcta. *"El que se compadeció de él"*, contestó el maestro de la ley (Lucas 10:37). Lo valioso de esta respuesta es que no le fue impuesta, ni siquiera sugerida, sino que este hombre llegó a ella a través de un descubrimiento personal. ¡Se trata de esa clase de investigación honesta que al final termina convirtiéndose en una convicción poderosa!

Como líderes, debemos aprender a hacerles las preguntas correctas a otras personas, pero sobre todo debemos aprender a hacernos las preguntas correctas a nosotros mismos. Esto permitirá que cada vez seamos más conscientes de por qué hacemos lo que hacemos, para que nuestros planes y proyectos no sean simplemente el producto de tradiciones antiguas, ni de tendencias modernas, ni de inclinaciones personales, sino que sean el resultado de motivaciones sobre las que hemos reflexionado y de principios de los que estamos cien por ciento convencidos.

PREGUNTAS PARA LA REFLEXIÓN

1.- ¿Con qué frecuencia mi equipo y yo somos intencionales en incluir dentro de nuestro círculo a personas tan diferentes que nos hagan sentir incómodos?

2.- ¿Quiénes son las personas marginadas, juzgadas o incomprendidas en mi ciudad y/o en mi comunidad?

3.- ¿Qué sector de la población en donde vivo es el más "abandonado" por la Iglesia?

4.- De todo lo que veo en mi ciudad, ¿qué es lo que más me rompe el corazón?

5.- ¿Qué tenemos mi equipo y yo en nuestras manos como para poner fin a la desesperanza y al dolor en nuestra ciudad o barrio?

CAPÍTULO 4

¿CUÁNDO?

- LA ÉPOCA EN QUE TE TOCÓ VIVIR -

ENCUENTRO EN LA BAHÍA DE SAN FRANCISCO

Siempre fui un admirador de su música, y desde muy joven estuve pendiente de su genial contribución como guitarrista al mundo de la música, particularmente al jazz. En mi opinión, es uno de los guitarristas más importantes de fin del siglo, no solo por haber sido el músico de sesión más importante, ocupado, sofisticado y efectivo de la época de los 70's y parte de los 80's (hasta que su carrera como solista no se lo permitió más), sino por haber reconciliado dos mundos que, aunque con un mismo origen, eran en ese momento completamente antagónicos: el rock y el jazz. Al hacer esto, se convirtió en uno de los pioneros que establecieron las reglas del juego para la música de fusión que desde entonces, en muchos sentidos, es la expresión de *élite* de la música popular de los Estados Unidos, y, a partir de allí, del resto del mundo.

Siendo yo un músico latinoamericano, cercano en muchos sentidos a esas tendencias musicales, pero a la vez lejos del lugar donde esas dinámicas sucedían, Larry Carlton se ganó a pulso mi admiración y mi reconocimiento. Nunca supe cuán grande había sido su influencia sobre mi manera de tocar, mi sonido, y mi fraseo, hasta que un día me enteré de que cerca de la ciudad donde yo vivía, al sur de California, y a tan solo 45 minutos de distancia en avión,

¡estaría mi héroe, Larry Carlton, impartiendo una "*masterclass*" de guitarra! Inmediatamente reservé mi lugar en esta "clase maestra", y luego me dediqué durante una semana a "desempolvar" (no físicamente, sino con mi computadora, por supuesto) toda la música de Larry… ¡y cuál fue mi sorpresa al descubrir que en cada una de sus canciones encontraba gérmenes melódicos que se habían quedado en mí y habían formado parte de mi lenguaje musical cuando yo era un músico profesional! Algunos de ellos están plasmados en muchos de los solos de guitarra de mi trabajo con Torre Fuerte, por darte solo un ejemplo.

Llegó el tan esperado día. Su "*masterclass*" fue genial, y la bahía de San Francisco fue el marco perfecto para escuchar de boca de Larry, entre anécdotas de grabación y arreglos musicales (como su versión del "Padre Nuestro"), algunas perlas de sabiduría que me han hecho reflexionar desde entonces. Él comentó, entre otras cosas, que ahora, a sus casi 70 años, no podría tocar mucha de la música, de las frases, y de aquellas composiciones emblemáticas que como guitarrista de jazz fusión él había creado y que habían formado por muchos años parte de su repertorio. "Ahora que estoy semirretirado", dijo Larry, "y que hago solo unas pocas giras al año en Asia y Europa, me ha nacido el grabar y hacer énfasis en el blues".

"Este género musical me resulta un poco más casual y no requiere de tanto perfeccionismo técnico, y aun así posee un lenguaje que ahora es parte de mi voz como artista". Y a continuación agregó algo que me haría reflexionar mucho, y que sería una de las joyas que me traje conmigo de esa inolvidable experiencia: "Cada uno de mis discos habla de las diferentes épocas que he podido vivir. No puedo regresar el tiempo atrás para volver a tocar, sentir o vivir lo que viví. Mi evolución como artista, y ahora en esta época donde mis prioridades son mi familia y mis nietos, todo está representado y contado a través de mis discos. No puedo volver atrás, no debo hacerlo, ni tampoco quiero".

COMO CANCIONES

En su soberanía absoluta, y por su enorme bondad y gran misericordia, en reiteradas ocasiones Dios nos ha permitido a mi familia y a mí comenzar esfuerzos misioneros de evangelismo y discipulado que derivaron en iglesias que a su vez se han multiplicado y han trascendido, hasta ahora, los embates del tiempo, la cultura, los cambios generacionales y todas aquellas cosas que pudieran hacer que una iglesia se torne obsoleta. Y creo que las iglesias que hemos ido plantando a lo largo del tiempo también son como canciones que cuentan una historia. Una historia de crecimiento, de reflexión y de madurez.

LAS IGLESIAS QUE HEMOS IDO PLANTANDO SON COMO CANCIONES QUE CUENTAN UNA HISTORIA

Al final de este libro encontrarás un anexo con los testimonios de otras cuatro personas que han plantado iglesias en diferentes circunstancias y en diferentes países.

La primera iglesia que mi esposa y yo plantamos en la ciudad de México comenzó con una pasión por alcanzar a todos aquellos para quienes la iglesia institucionalizada no era una opción por su énfasis tan exagerado en las formas, usos y costumbres. Basta con ver algunos de los videos de Semilla de Mostaza para escuchar cómo eran las canciones de alabanza a Dios, y comprender cuál era nuestro enfoque, nuestros valores, e incluso nuestra teología.

La música, enfocada solo en un sector, dejaba fuera muchísima gente sin la oportunidad de escuchar las buenas noticias de salvación, aunque también nos permitió atraer a mucha juventud en aquel entonces. Teníamos un fuerte énfasis en la alabanza, y el discipulado era parte del menú pero no con la intencionalidad que debimos tener, dando a luz una generación de muchos chicos emocionados pero solo algunos transformados.

La segunda iglesia que plantamos mi esposita y yo, ya con la ayuda de algunos discípulos, no tenía un énfasis tan grande en la alabanza sino en la educación cristiana y el balance doctrinal. Como si fuera una canción, esta iglesia en Cuernavaca, Morelos, México, cuenta la historia de unos pastores más conscientes, más maduros, para quienes la sana doctrina era algo intangible, solo capaz de medirse en un discurso, en un examen, en un papel.

La tercera iglesia que plantamos fue en la ciudad de Chicago. Esta iglesia fue plantada en medio del dolor, la discriminación y la desesperación que los inmigrantes latinos experimentan todos los días. Para estas personas, la comunidad de fe es un bálsamo y un consuelo. El enfoque en la acción social y la solidaridad se sumaron a esas otras características que nuestro equipo de plantación, junto a mi esposita Gaby y yo, habíamos ido adquiriendo a través de los años y de la experiencia. Nuestro aprendizaje en ese tiempo fue tanto que aún no he podido dimensionarlo, solo puedo decir que no somos las mismas personas que llegaron a los Estados Unidos con la meta de plantar iglesias latinas, bíblicas, y centradas en Cristo, en medio de un contexto norteamericano.

La cuarta iglesia, el sur de California, ha experimentado estrategias para ganar, equipar, empoderar y acompañar a la segunda generación de jóvenes latinos en la misión de alcanzar, ya no solo a la comunidad latina, sino a las minorías que viven como nosotros en los Estados Unidos pero que, aun conservando su cultura materna, tienen también una segunda cultura y un segundo lenguaje común, el inglés. Nuestra iglesia Axis cuenta la historia de personas que no se quieren limitar por sus propias incapacidades sino que, obedeciendo el mandato bíblico de hacer discípulos, siguen experimentando en medio de errores y fracasos, aprendiendo de cada uno de ellos. El objetivo es ver florecer una iglesia bíblica, centrada en Cristo, dirigida por estos nuevos líderes jóvenes, biculturales y bilingües, y que ellos multipliquen su influencia y su testimonio en cada rincón del sur de California.

¿CUÁLES SON LAS COSAS QUE NOS IDENTIFICAN COMO DISCÍPULOS DE JESUCRISTO Y QUE NO ESTÁN SUJETAS A CAMBIOS?

La quinta y sexta iglesia, una a cada lado de la frontera entre México y los Estados Unidos, cuentan la historia de una comunidad solidaria con los necesitados, con los que sufren, con los que no pertenecen, con los refugiados, los invisibles, los indigentes, las personas sin hogar, y las personas en peligro de ser víctimas del tráfico humano. Para estas iglesias la sana doctrina no es la que se habla, se escribe o se enseña desde un púlpito o en un salón de clases, sino la que se vive y se demuestra con los hechos. Son iglesias cuyo argumento apologético más importante es el amor hacia los que son diferentes (Juan 13:35).

LA CURVA DE LA VIDA

A medida que las épocas cambian, las personas también cambiamos. Las modas pasan, las culturas son mudadas (establecidas, desafiadas y reestructuradas), y los estilos musicales dejan de ser interesantes para convertirse en insípidos y sin atractivo, al menos para las nuevas generaciones. ¿Cuáles son, entonces, aquellos valores, principios, y características que han distinguido siempre a la Iglesia de Jesucristo, esa que está destinada a ser un instrumento de reconciliación y de restauración mientras lleva su mensaje de esperanza por el mundo?

A fin de establecer relaciones con una cultura para la cual la iglesia tradicional ha dejado de ser relevante, las iglesias emergentes realizan enormes esfuerzos tendientes a atravesar las barreras que la separan de la gente, deconstruyendo aspectos importantes como la liturgia cristiana (la alabanza incluida, por supuesto), el evangelismo tradicional, las misiones, la estructura institucional, etc. Partiendo de un punto de vista misional, buscan además un diálogo y una presencia constante en la comunidad a fin de ser relevantes para su entorno.

La pregunta para reflexionar aquí sería: Si la cultura cambia constantemente, y por ende cambia la manera en la que la iglesia se aproxima y se involucra fuera de las cuatro paredes del templo en la proclamación del evangelio del Reino de Dios, ¿cuáles son entonces las cosas que no deben cambiar? ¿Cuáles son las cosas que nos identifican como discípulos de Jesucristo y que no están sujetas a cambios a lo largo del tiempo?

Mi reflexión no pretende instalar aquí un debate teológico ni mucho menos. Solo quiero referirme a ciertos valores cristianos, fundamentados en nuestras creencias, que tienen el poder de determinar nuestro comportamiento allí donde todos queremos ir: fuera de las cuatro paredes del templo.

La historia reciente de la Iglesia nos muestra un par de cosas interesantes. La primera es que la mayoría de los avivamientos (si no es que todos) se dieron lejos de la iglesia tradicional institucionalizada. De hecho, hoy podemos observar que la mayoría de las iglesias con mayor influencia en el mundo no pertenecen a las denominaciones históricas ni tradicionales.

La segunda, que se me hace aún más interesante y que es, en mi opinión, algo digno de ponerle especial atención, es que después de un "nuevo movimiento del Espíritu" genuino, que deriva en la plantación de una iglesia que se multiplica hasta convertirse en movimiento (la multiplicación de iglesias que no depende de la iglesia matriz, sino que cada iglesia plantada se multiplica por sí sola), luego de esto le quedan unos 25 o 30 años para perder su vitalidad y, de no tener una transición saludable en su gobierno y su liderazgo, el peligro es que deje de crecer, con la tendencia a dividirse o desaparecer. En este momento puedo pensar en por lo menos

LOS VALORES NO NEGOCIABLES DETERMINARÁN EL ADN DE LA COMUNIDAD

tres o cuatro iglesias cerca de aquí donde yo vivo, en el sur de California, que han tenido que vender esos suntuosos edificios que hace 30 años daban la bienvenida a miles y miles de asistentes cada semana. Ahora, cuando algunos por motivos románticos recordamos sus épocas de gloria, nos sirven de museos para caminar, para reflexionar... y no sé para qué más sinceramente.

Piensa en esto: Cuando la iglesia o las iglesias que Dios te permita plantar estén al final de la curva de la vida, ¿quedará algo? ¿Estás aferrado a principios eternos, o enfocado solamente en atender todos esos factores cambiantes que, al final, no son para siempre?

NO NEGOCIABLES

Aunque la conversación acerca de la visión y la misión de la nueva iglesia son muy importantes, así como lo es su declaración de fe, los no negociables, en mi opinión, no tienen que ver ni con la estrategia en el trabajo de plantación, ni tampoco necesariamente con la teología, ya que ambos factores pueden ajustarse de acuerdo al contexto donde la nueva iglesia será plantada. Si la nueva plantación se desarrollará en la frontera entre dos países, la misión se ajustará para servir mejor al mayor número de personas en ese lugar, al tiempo que la teología nos ayudará a reflexionar sobre el enfoque y el énfasis misional que queremos desarrollar.

Los valores no negociables, por otra parte, determinarán el ADN de la comunidad, es decir, la cultura que pasará de generación en generación dándole una identidad a la iglesia. Son esos aspectos que trascienden la cultura y las costumbres de un lugar, para establecer la cultura del Reino de Dios.

Los no negociables tienen la virtud de convertir creencias en acciones; acciones que dejen en claro tanto los motivos como la identidad de la nueva comunidad. En el intento de acercar dos iglesias de reciente plantación, cada una de ellas ubicada en una realidad diferente, una dinámica social distinta, y hasta diferentes idiomas, mi hijo Israel y yo hicimos un ejercicio con los equipos de ministerio de cada una de estas dos iglesias. Así, les ayudamos a ver que era mucho más lo que tenían en común (los valores), que las diferencias estratégicas o incluso teológicas.

Además de establecer y reproducir el ADN de nuestras comunidades, los valores nos ayudan a ser intencionales en sumarnos a la obra misionera que el Espíritu Santo ha estado desarrollando antes de que llegásemos a la ciudad, a través de otros ministerios, equipos, organizaciones, iglesias, etc., que comparten todos o algunos de nuestros valores no negociables.

Esta es la lista de los valores no negociables que yo creo que nos definen y distinguen:

AMOR:
"Amamos a los demás porque Dios nos amó primero".

"Les doy este mandamiento nuevo: que se amen unos a otros. Así como yo los amo, ustedes deben amarse unos a otros. Si se aman unos a otros, todos se darán cuenta de que son mis discípulos".
(Juan 13:34-35)

Existen muchas cosas que ignoramos, y muchas cosas que quizás nunca lleguemos a comprender. Pero algo que sabemos con certeza es que Dios nos ama, que tenemos una deuda de amor unos con otros, y que ese amor debe extenderse a la gente que está lejos, a la gente que (aún) no ha creído en Jesús. El amor es

SIEMPRE QUE LA PALABRA DE DIOS SEA EXPUESTA, DIOS LA HONRARÁ Y LA EXALTARÁ

el argumento apologético más poderoso que un discípulo puede esgrimir, y sin amor ninguno de nosotros tenemos el derecho de llamarnos cristianos.

ESCRITURA:
"La Biblia es relevante".

"La palabra de Dios es viva y poderosa. Es más cortante que una espada de dos filos que penetra hasta lo más profundo de nuestro ser, y examina nuestros más íntimos pensamientos y los deseos de nuestro corazón". (Hebreos 4:12)

La Palabra de Dios, contenida en la Biblia, posee los mismos atributos de la deidad, tales como la eternidad, la veracidad, el poder creativo, el espíritu, la vida, etc. Por ese motivo, no es de extrañarse que leamos tantos versículos en los que la Biblia se refiere a ella misma, como el siguiente:

"Al adorarte me inclino ante tu santo templo. Agradeceré a tu nombre por tu gran amor y fidelidad. Porque has exaltado tu nombre y tu palabra por sobre todas las cosas". (Salmos 138:2)

Siempre que la Palabra de Dios sea expuesta, Dios la honrará y la exaltará de una manera sobrenatural, como vemos en tantos casos a través de la Biblia y a través de la historia. Esta es una de las muchas razones por la que en todas las iglesias Semilla, Semilla de Mostaza, y Familia Semilla, la importancia de la Biblia es uno de los pilares no negociables. Nosotros reconocemos que su enseñanza sistemática era una de las tareas de la iglesia primitiva, así como el énfasis en el ministerio del Señor. Y estamos convencidos de que la Biblia en sí misma es relevante. Es el aliento mismo de Dios (2 Timoteo 3:16). Por lo tanto, nuestra tarea y nuestro desafío es enseñarla con claridad y amor, de manera que todos, pequeños y grandes, la puedan entender (Nehemías 8).

CRECIMIENTO
"Tomamos responsabilidad por nuestra vida espiritual".

"Como niños recién nacidos busquen con ansias la leche pura de la palabra. Así, por medio de ella crecerán en su salvación". (1 Pedro 2:2)

Esto está en la mente de cada persona involucrada en la tarea de discipulado: transmitir la responsabilidad a cada discípulo de su crecimiento espiritual. De este esfuerzo concentrado dependerá el crecimiento y el desarrollo espiritual de cada nuevo creyente.

INCLUSIVIDAD
"Un hogar para todos".

"En efecto, el Hijo del hombre vino a buscar y a salvar a los que se habían perdido". (Lucas 19:10)

En vez de establecer un grupo demográfico determinado como la audiencia a la que queremos llegar, nos inspira mucho el llamado que Dios le hizo a Saulo de Tarso cuando a Ananías le dice que él, Saulo, sería un instrumento en sus manos para llevar su nombre a gentiles, a reyes y a los hijos de Israel (Hechos 9:15). ¡Qué audiencia tan diversa! ¡Qué grande el corazón de Dios para incluirnos a todos! Es por esto que en nuestras iglesias

LAS HERIDAS SON PARTE DE LA VIDA, Y PUEDEN CONVERTIRSE EN APRENDIZAJE POR MEDIO DE LA GRACIA DE DIOS

no mexicanizamos, no peruanizamos, no americanizamos. No tratamos de imponer nuestros gustos o costumbres, sino que nos esforzamos por encontrar y acompañar a cada persona en su proceso individual de pasar a confiar y depender completamente de Dios.

"Ya no importa si eres judío o griego, esclavo o libre, hombre o mujer. Todos ustedes son uno solo en Cristo Jesús". (Gálatas 3:28)

SERVICIO
"El más grande es el que sirve".

"Pero entre ustedes debe ser diferente. El que quiera ser superior debe servir a los demás. Y el que quiera estar por encima de los otros debe ser esclavo de los demás. Así debe ser, porque el Hijo del hombre no vino para que le sirvan, sino para servir a los demás y entregar su vida en rescate por muchos". (Marcos 10:43-45)

Hemos decidido dejar de rendir culto a la personalidad. Y digo dejar porque percibimos que la Iglesia de hoy en día está llena de "celebridades", de gente más preocupada por ser famosa que por ser como Cristo. Claro que esto no nos quita el sueño, ni somos nosotros los que juzgaremos la obra de otros, ya que los creyentes somos llamados a someter a prueba nuestra propia conducta, no la de los demás. Sin embargo, elegimos un estilo de liderazgo de servicio que hace visible al Señor en medio nuestro y hace más creíble nuestro mensaje. Servir es vivir como Jesús. Servir es el camino a la felicidad y a la madurez cristiana (Hechos 20:35).

VULNERABILIDAD
"Dejamos ver nuestras luchas y debilidades".

"...y las tres veces me ha respondido: «Debe bastarte mi amor. Mi poder se manifiesta más cuando la gente es débil». Por eso, de muy buena gana me siento orgulloso de mis debilidades; gracias a ellas, se muestra en mí el poder de Cristo. Desde que sé que lo que sufro lo

sufro por Cristo, me siento feliz por mis debilidades, los insultos, las privaciones, las persecuciones y las dificultades. En efecto, cuando soy débil, entonces soy fuerte". (2 Corintios 12:9-10)

Es triste ver cómo la gente aún sigue dejándose impresionar por la supuesta perfección e impecabilidad de algunos líderes. Las "marquesinas celestiales" están llenas de superhombres y supermujeres que han encontrado la manera de impactar, de impresionar a los demás... Sin embargo, la realidad es que en el fondo nadie puede identificarse con esos personajes de ciencia ficción cristiana. Las heridas, el dolor y el sufrimiento son parte de la vida, y pueden convertirse en procesos de aprendizaje por medio de la gracia de Dios. ¡Esto sí que es verdaderamente sobrenatural! Hablarle de nuestras luchas a la gente, y enseñarles nuestras heridas, les da esperanza, consuelo y fortaleza. Queremos ser personas normales, de carne y hueso, de quienes fluya un amor sobrenatural, ¡y no a la inversa!

COMPASIÓN

"Queremos ser sensibles a las necesidades de nuestro prójimo".

"Pero si alguien está bien económicamente y no ayuda a su hermano que está en necesidad, ¿cómo puede haber amor de Dios en él? Hijitos míos, que nuestro amor no sea sólo de palabra ni de labios para afuera, sino que amemos de veras y demostrémoslo con hechos". (1 Juan 3:17-18)

Hace un tiempo tuvimos que hacer un retiro especial para revisar nuestra teología en relación a este tema. Concluimos que la compasión no puede ser algo ocasional, ni mucho menos algo opcional, sino que se trata de un estilo de vida que debe caracterizar a los seguidores de Jesús. No debe estar motivada por el deseo de sentirnos héroes, buenos, etc., ni debe estar enfocada en compartir, dar, o hacer, solamente aquello que nos gusta, nos resulta fácil, o nos hace sentir bien. La verdadera compasión comienza escuchando, compartiendo la mesa con otros, y conociendo historias que jamás imaginamos, llevando cargas pesadas y difíciles, y haciendo propio el dolor ajeno.

GENEROSIDAD

"No somos dueños, sino administradores de los recursos que Dios nos dio".

> *"El alma generosa será prosperada; Y el que saciare, él también será saciado". (Proverbios 11:25, RVR60)*

Nadie es lo suficientemente pobre como para no tener nada que dar. Pequeños, grandes, Dios nos creó a todos para dar fruto y multiplicar su gloria sobre la tierra. Nuestro Padre ha derramado bendiciones y riquezas sobre nosotros, sus hijos, y nosotros somos tan solo administradores de su multiforme gracia.

Yo podría continuar esta lista con otros valores, tales como la excelencia, la integridad, y tantos más... pero estoy seguro de que tú podrás identificarlos también. Lo que quiero dejarte aquí claro es que, por un lado, es importante reconocer la época en que nos ha tocado vivir y en que fuimos llamados a hacer ministerio, y por otro lado, es fundamental mantenernos anclados en aquellos valores no negociables que permanecerán firmes aun con paso del tiempo. Son estos valores los que conservarán intactos el rumbo y la vitalidad de nuestras iglesias, y mantendrán viva la razón de ser quienes somos y de hacer lo que hacemos.

PREGUNTAS PARA LA REFLEXIÓN

1.- ¿En qué etapa de la vida me encuentro en este momento? ¿Cómo podría impactar eso en mi trabajo como plantador?

2.- ¿Qué historia quisiera que cuente la iglesia que estoy a punto de plantar?

3.- Mientras que la cultura cambia, ¿qué cosas, en mi opinión, son las que en la Iglesia del Señor no deberían cambiar nunca? ¿Cuáles son las que sí deberían o podrían cambiar con el paso del tiempo?

4.- Junto a mi equipo de plantación hacemos una "lluvia de ideas" (brainstorming) para definir los valores que consideramos no negociables. Al final, escribimos una lista con los 5 valores más importantes.

CAPÍTULO
5

¿CÓMO?

- A LA MANERA DE DIOS -

El tema del Espíritu Santo provocó un debate teológico que trajo mucha confusión dentro de la Iglesia durante la última mitad del siglo veinte, hasta que, quizás cansadas de hacerlo, las diferentes facciones dejaron de debatir, de publicar libros, y de hacer conferencias, y simplemente se situaron cada una en su postura (postura que ni por un momento estuvieron dispuestas a negociar). De hecho, el tema del Espíritu Santo ha sido un tema muy

EL LIBRO DE LOS HECHOS ES UN RELATO DE LA OBRA DEL ESPÍRITU SANTO

controversial, y su discusión no solo ha causado una gran división entre "liberales" y "conservadores", sino que, en mi opinión, el mayor daño que este debate ha causado podemos encontrarlo en el corazón de los creyentes. Hoy en día el Espíritu Santo no es un tema muy popular en las conferencias sobre plantación de iglesias, y no parece ser invitado a dirigir nuestros sofisticados programas ni los incansables esfuerzos que realizamos para cumplir con la llamada "gran comisión". Lo irónico del caso es que Jesús nos envió el Espíritu para enseñarnos todas las cosas (Juan 14:26), y que el Espíritu de verdad es el que guía a sus discípulos a toda verdad, no hablando por su propia cuenta, ya que su misión es glorificar y hacer visible a Jesucristo en medio nuestro (Juan 16:13-14).

Esta es la razón por la cual, en esa última conversación con sus discípulos, justo antes de ser recibido por una nube que le ocultó de sus ojos, Jesús les dijo:

> *"Sin embargo, cuando el Espíritu Santo descienda sobre ustedes recibirán poder (habilidad) para ser mis testigos no sólo en Jerusalén, sino también en toda Judea, en Samaria y hasta lo último de la tierra". (Hechos 1:8)*

Este versículo es conocido por muchos como el bosquejo mismo del libro de los Hechos, ya que anticipa lo que leemos en los siguientes capítulos: la predicación del evangelio en Jerusalén (capítulos 1 al 7), en Judea y Samaria (capítulos 8 al 12), y hasta lo último de la tierra (capítulos 13 al 28).

El libro de los Hechos es, pues, un relato de la obra del Espíritu Santo en y a través de los discípulos, para llenar todo el mundo del conocimiento de Jesucristo. Si la iglesia de Jesucristo fue establecida en ese día histórico que se relata en el capítulo 2 del libro de los Hechos, en el que creyeron y fueron bautizadas unas tres mil personas, las que luego se unieron a los demás creyentes que se congregaban regularmente, y si los apóstoles llevaron el testimonio de Jesucristo hasta lo último de la tierra, trastornando al mundo entero con el mensaje de la cruz (Hechos 17:6), ¡todo esto fue sencillamente por el poder con el que fueron investidos desde lo alto cuando vino sobre ellos el Espíritu Santo! Esta es la razón de que haya tantas personas que proponen que un mejor título para el libro de los Hechos sería "Los Hechos del Espíritu Santo".

El ignorar la necesidad que tenemos los discípulos de Jesús, no solo de hacer la obra de Dios, sino de hacerla a la manera de Dios y bajo el poder del Espíritu de Dios, nos ha traído inefectividad y frustración, porque sucede que el trabajo de plantación de iglesias es imposible sin el poder, el testimonio y el fruto que solo el Espíritu Santo puede producir.

Al leer la Biblia, una de las plantaciones que más me conmueve en el libro de los Hechos es la plantación de la primera iglesia en Europa: la iglesia de Filipos, en la actual Grecia. Cuando, casi una década después de ser fundada, Pablo les escribe a los filipenses desde la cárcel, es de notar su profundo y sincero amor por ellos:

"Dios sabe lo mucho que los quiero a todos con el tierno amor que nos da Cristo Jesús". (Filipenses 1:8)

¡Esta clase de amor es una señal inequívoca de la actividad del Espíritu Santo entre ellos, tal como se describe en Gálatas 5:22-26! Por muchas décadas los cristianos nos hemos conformado, en el mejor de los casos, solo con definiciones de lo que el fruto del Espíritu produce en el corazón del hombre. Pero en esta historia vemos algo más que solo palabras. En esta historia podemos observar cómo la fe de Pablo y de su equipo de plantación es una fe que actúa, que es visible, y que lleva fruto; un fruto motivado por el amor (Gálatas 5:6).

PATROCINADORES

Estando junto con su equipo a la mitad de su segundo viaje misionero, el Espíritu Santo le prohíbe a Pablo hablar la Palabra en Asia. De hecho, en la mente y en el corazón de Pablo, ¡ese segundo viaje era justo para eso! Él había planeado visitar a los creyentes en aquellas ciudades de Asia en las que habían anunciado el evangelio en su primer viaje (Hechos 15:36). Pablo sigue intentándolo, pero el Espíritu no se lo permite (Hechos 16:7). ¿Cómo paras a un tanque como Pablo? Bueno, hay muchas teorías acerca de cómo el Espíritu detuvo a este hombre tan lleno de amor, y tan enfocado desde el primer día en predicar a Cristo (Hechos 9:20). Una de ellas está asociada con una debilidad o enfermedad del cuerpo (Gálatas 4:14), a causa de la cual, en esas regiones y en ese segundo viaje Pablo conoce a su médico amado, Lucas (Colosenses 4:14), autor tanto del Evangelio que lleva su nombre como del libro de los Hechos.

Es interesante observar que a partir de ese momento Lucas cambia su manera de describir los acontecimientos, y lo hace ahora en primera persona del plural, dando por sentado que en ese preciso instante él se suma al equipo misionero de Pablo. Luego, el Espíritu Santo guía a Pablo y a su equipo primario a Troas:

> *"Y se le mostró a Pablo una visión de noche: un varón macedonio estaba en pie, rogándole y diciendo: Pasa a Macedonia y ayúdanos. Cuando vio la visión, en seguida procuramos partir para Macedonia, dando por cierto que Dios nos llamaba para que les anunciásemos el evangelio". (Hechos 16:9-10, RVR60)*

Independientemente de la capacidad extraordinaria de Pablo para transmitir la visión a su equipo, de manera tal que en seguida tuvo a todos "a bordo" dando por hecho que era Dios mismo quien les llamaba a anunciar el evangelio en aquel campo misionero completamente virgen, lo que se me hace realmente fascinante es ver cómo, en aspectos sumamente humanos y naturales, se manifestó el amor sobrenatural que el Espíritu Santo había derramado sobre ese equipo para realizar la tarea.

Lucas no describe los detalles de ese peligroso viaje que hoy en día miles de refugiados provenientes de Siria están haciendo, poniendo en riesgo sus vidas, y muchos de ellos sin llegar a ver las costas de Grecia. Él simplemente nos dice:

"En Troas tomamos un barco y navegamos hacia Samotracia, y de allí, el siguiente día, a Neápolis. Por último, llegamos a Filipos, colonia romana situada en Macedonia, y nos quedamos allí varios días".
(Hechos 16:11-12)

Cualquier cosa que se necesitara, cualquier riesgo que fuera preciso correr, ¿gastos diversos, imprevistos, fondos para la plantación? "Ustedes saben que con estas manos he trabajado para ganar el sustento propio y el de los que andaban conmigo", les dijo Pablo a los pastores de Éfeso (Hechos 20:34). ¡Qué muestra de amor, qué evidencia de la obra del Espíritu Santo, el ver que Pablo, aun teniendo derechos como apóstol (1 Corintios 9:5-14), de nada de eso se aprovechó, y jamás escribió un renglón pidiendo apoyo financiero para él mismo!

¡Pablo hubiese preferido morir en ese mar antes que perder la satisfacción de ser un socio y patrocinador de la obra de Cristo (1 Corintios 9:15-18)! De esta forma él podía ser realmente un siervo y no un esclavo, porque el esclavo sirve porque no tiene otra opción, pero el siervo sirve por amor, ¡y eso, sin lugar a dudas es una obra sobrenatural del Espíritu Santo (1 Corintios 13:4-7)!

En lo personal, pienso que la bivocacionalidad en el ministerio no es mala idea, aunque por alguna razón que no alcanzo a comprender, en algunos círculos cristianos se le ve con malos ojos, o como si entonces se tratara de un ministerio "de segunda categoría". ¿En serio? Escuchemos al Espíritu hablar a través de este gran misionero (¡el más grande tal vez!), quien, por cierto, era bivocacional:

"Ya estoy preparado para hacerles mi tercera visita, y tampoco ahora les seré una carga. Yo no busco lo que ustedes tienen, sino a ustedes mismos; porque son los padres quienes deben juntar dinero para los

*hijos, y no los hijos para los padres. Y yo de buena gana gastaré todo
lo que tengo, y aun a mí mismo me gastaré en bien de ustedes. Si
yo los quiero más y más, ¿me amarán ustedes cada vez menos?". (2
Corintios 12:14-15, DHH)*

BIENAVENTURADOS LOS FLEXIBLES

Esta frase, "bienaventurados los flexibles", era muy común en el
pastor Chuck Smith, precursor del llamado *"Jesus movement"* con
la que frecuentemente se refería a la necesidad de permanecer
sensibles y flexibles a la guía del Espíritu Santo. Basta tan solo con
observar la vida del apóstol Pablo para poder concluir que sabemos
que somos guiados por el Espíritu Santo cuando, aun después de
planear hasta los más mínimos detalles, permanecemos flexibles.

Después de algunas paradas, Pablo y su equipo llegaron finalmente
a la primera ciudad de Macedonia (Grecia), llamada Filipos. Su
modus operandi, es decir, su forma habitual de trabajar antes de ver
el fruto de sus esfuerzos en la plantación de una hermosa iglesia,
era visitar la sinagoga de la ciudad y proclamar allí el evangelio
del Reino de Dios (Hechos 13:13-33 y 14:1). Pero en esta ocasión
no pudieron hacerlo porque Filipos no contaba con una sinagoga.
Por "falta de quórum masculino" (se necesitaban 10 varones judíos
como mínimo), sencillamente no había ninguna sinagoga en
aquella ciudad.

Ahora bien, en un momento como este, cuando todos los detalles
de la plantación están considerados y tan solo estamos esperando
que el proceso, y por qué no el empeño y la dedicación, nos den el
resultado que esperamos, un equipo lleno del Espíritu Santo será
flexible y reconocerá que en el ministerio no existen obstáculos
sino oportunidades para ver obrar a Dios de muchas maneras,
glorificando siempre el Espíritu a Jesucristo, quien quiere mostrar
su amor, su sabiduría y su poder de una y mil maneras que no
podemos imaginar.

Este fue exactamente el caso de Pablo y su equipo en aquel día de reposo en Filipos. Ellos se dirigieron al río donde acostumbraban las mujeres piadosas ir a orar. Aunque a quien Pablo había ido a buscar hasta ese extremo del continente era un hombre, él permaneció flexible. Claro, no descansaría hasta encontrar a ese hombre, pero mientras tanto podía compartir su mensaje con otros. Quizás antes de hablarles a las mujeres en el río, Pablo preguntó "¿Qué quieres hacer, Señor?". Y si así fue, ¡vaya respuesta la del

SABEMOS QUE SOMOS GUIADOS POR EL ESPÍRITU SANTO CUANDO PERMANECEMOS FLEXIBLES

Señor! Él dispuso que Lidia, la vendedora de púrpura, estuviera atenta a lo que Pablo enseñaba, y cuando ella creyó, fue bautizada junto con toda su familia. Luego, en una muestra de gratitud, obligó a Pablo y a su equipo a posar en su casa. ¡Vaya, qué manera de plantar una iglesia, ¿no lo crees?! Sin el poder del Espíritu, que los capacitó para amar de esa manera (2 Timoteo 1:7), y sin su guía (Romanos 8:15) incluso a través obstáculos, puertas cerradas y necesidades diversas, la iglesia en Filipos hubiera sido solo una petición de oración y nada más.

Algo que caracteriza a los artistas es la creatividad. Los artistas son capaces de imaginar una realidad diferente a la que existe, y luego fabricarla. Mientras que en las artes plásticas se manipulan elementos tangibles, los músicos y los escritores manipulan otra clase de elementos, que son intangibles. Los músicos trabajamos con el sonido, por lo que la música es conocida como un "arte dinámico": solo exige tiempo, pero no espacio. Esto obliga a "estirar" la imaginación. En estos años en los que he estado retirado de la música puedo notar que, aun sin hacer propiamente música, Dios nos ha creado a los artistas con la capacidad de imaginar soluciones que no existen ante problemas tangibles. Qué importante es que, seamos artistas o no (aunque "de músico, poeta y loco, todos tenemos un poco") todos podamos ver los obstáculos como el material tangible que tenemos, y la dirección del Espíritu como nuestro material intangible. Así, con los ojos de la fe, ¡podremos imaginar una realidad y un futuro diferentes!

¿Cuántas veces tendrás que ajustar tu estrategia, modificar tus planes, e incluso revisar tus valores, a fin de seguir la guía del Espíritu en cada plantación? Probablemente muchas. Y es que cada ciudad, cada cultura, cada generación ofrecen un reto distinto, y exigen de nosotros que escuchemos y observemos lo que Dios quiere hacer en cada momento y en cada lugar. Además de evitar que terminemos quebrantados al ver nuestros planes frustrados, esto nos ayudará a ser flexibles a su guía para así ser instrumentos más útiles en sus manos.

NO A NOSOTROS

Cuando una nueva iglesia quiere posicionarse en una ciudad o comunidad, el considerar dentro del presupuesto determinados recursos específicos para mercadeo, publicidad, anuncios, etc., es una práctica común e inteligente, ya que se requiere de planeación, disciplina e intencionalidad para lograr este objetivo (además de una gran generosidad por parte de los donantes que con sus contribuciones harán todo esto posible).

Pero en el caso de Pablo y su equipo, esto fue mucho más allá. Ellos habían hecho ya una rutina de reunirse con estas mujeres mientras esperaban en Dios, flexibles a su dirección, hasta dar con aquel varón macedonio que habían venido a buscar. Cierto día, mientras iban a la oración, encontraron lo que yo, en medio de una plantación incipiente, hubiese soñado: ¡alguien con mucha influencia en la ciudad, dispuesto a patrocinar una campaña de mercadeo!

¡Claro, tiene que aparecer mi foto en la portada de la publicidad! Así que a escoger aquella con la mirada más "angelical". Y necesito competir con aquellos que ya están posicionados en los medios de comunicación y las redes sociales... Bueno, con esto en mente, te dejo con el resto de la historia bíblica...

"Un día en que nos dirigíamos a orar, nos salió al encuentro una joven esclava endemoniada que tenía la facultad de adivinar. Con sus adivinaciones, les proporcionaba jugosas ganancias a sus amos. La joven empezó a seguirnos. —¡Estos hombres son siervos de Dios que han venido a enseñarles el camino de salvación! —gritaba a nuestras espaldas. Esto lo hizo por varios días hasta que Pablo, muy molesto, se volvió y le dijo al demonio que estaba en la joven: —Te ordeno en el nombre de Jesucristo que salgas de esta joven. E instantáneamente el demonio obedeció". (Hechos 16:16-18)

LA PLANTACIÓN DE UNA IGLESIA ALREDEDOR DE UNA PERSONALIDAD TIENE MUCHAS CONSECUENCIAS NEGATIVAS A LARGO PLAZO

Puedo imaginarme cómo el Salmo 115 retumbaba en el corazón de Pablo mientras escuchaba tantos halagos hacia su persona y los de su equipo...

"La gloria, Señor, no es para nosotros, sino para ti; por causa de tu gran amor y tu fidelidad". (Salmos 115:1)

En mi opinión personal, a Pablo le disgustó lo que gritaba la muchacha porque sintió que toda esta "publicidad" lo estaba exaltando a él y no a Dios. Sabemos que somos guiados por su Espíritu cuando permanecemos humildes y con los pies en la tierra. Un equipo de plantación lleno del Espíritu promueve las bondades de Dios, sus virtudes y su grande amor (1 Pedro 2:9). Y lo hace a cualquier costo.

¿No había sido esa publicidad completamente gratis? Correcto, la publicidad sí. Pero el precio que Pablo y su equipo debieron pagar por exaltar a Jesucristo por sobre las personas fue alto. ¿Cuál fue el costo de permanecer humildes? Al darse cuenta los amos de esa muchacha que el demonio había salido de ella, y junto con este, se había ido su fuente de ganancias, llevaron a Pablo y a los demás ante las autoridades, y esgrimieron toda clase acusaciones infundadas contra ellos. Las autoridades, entonces, les rasgaron sus ropas y mandaron a azotarlos... Después de haberlos azotado mucho (los judíos tenían, según la tradición, un límite para sus azotes, pero los romanos no tenían límite para su crueldad), ordenaron llevarlos a la cárcel y dejarlos allí como prisioneros de máxima seguridad.

Ahora, déjame hablarte un minuto acerca de la alternativa opuesta a esta humildad o este "descentramiento" que buscaba Pablo. Creo, porque lo he visto demasiadas veces, que la plantación de una iglesia alrededor de una personalidad tiene muchas consecuencias negativas a largo plazo. Aquí vemos a Pablo sufriendo, pero lo que quiero que tú sepas es que crear, en la gente que queremos alcanzar, expectativas alrededor de una personalidad tiene también sus dolores. Por un lado, la multiplicación es complicada porque todo el mundo está acostumbrado a girar alrededor de aquella "estrella". Llevar a las personas a la madurez también es complicado porque para que existan estas "grandes personalidades" debe haber un pueblo dependiente, y si dependen de alguien para su salud espiritual, entonces seguirán siendo inmaduros... y muy probablemente esto derive en una falta de líderes (me refiero a líderes que puedan replicar la obra en otros lugares). Y como estos, mil problemas más. Así que parece que en ambos escenarios el dolor es inevitable, tanto si somos humildes, como si pretendemos ser el centro de todo. Yo creo que Pablo eligió bien. La pregunta, entonces, sería: ¿Cuál de estos dos dolores estás dispuesto a sufrir tú?

UN FINAL INESPERADO

Es triste, pero debo decirlo. Durante aquellos años, a mediados de los 90's, cuando Torre Fuerte era invitado a la mayoría de los congresos y seminarios de Alabanza y Adoración por toda Latinoamérica, yo escuché infinidad de mensajes basados justamente en el clímax de esta historia que casi todos conocemos con el título de "el carcelero de Filipos". Sin embargo, cuando me di a la tarea de leerla por mí mismo, encontré, sorprendido, que había algunos énfasis en la historia que yo nunca había considerado. ¡Me había perdido mucha de la riqueza

SABEMOS QUE SOMOS DIRIGIDOS POR ESPÍRITU CUANDO TODAS LAS PERSONAS SON IMPORTANTES PARA NOSOTROS

de esta historia! Sobre todo, el poder ver en Pablo y los que iban con él un modelo de cómo se conduce, cómo trabaja, y cuáles son las prioridades de un equipo de plantación lleno del Espíritu Santo. Algo fabuloso, que te lleva "al filo de la butaca" mientras estás disfrutando de la lectura y la reflexión sobre esta historia, es que al final, después de tanto tiempo, tantos cambios, tantas pruebas, tantas luchas y tantas injusticias, frente a sus ojos está aquel hombre de la visión que, estando tan lejos de ellos, les había pedido ayuda. El Espíritu Santo fue el que los llevó hasta ese lugar, no de la manera sensacionalista que yo hubiese esperado, en medio de grandes prodigios y señales, pero sí en medio de muestras sobrenaturales de amor, devoción, fe y perseverancia que estaban, ahora, a punto de dar sus dividendos...

> *"Era ya media noche. Pablo y Silas todavía estaban orando y cantando himnos al Señor. Los demás prisioneros escuchaban. De pronto, un gran terremoto sacudió los cimientos de la cárcel y las puertas se abrieron y las cadenas de todos los presos se soltaron. El carcelero, al despertar y al ver las puertas abiertas, creyó que los prisioneros habían escapado y sacó la espada para matarse".*
> *(Hechos 16:25-27)*

Hago un paréntesis aquí para explicar que era costumbre que el soldado responsable de los prisioneros pagase con su vida la fuga de un reo puesto bajo su custodia. Este hombre, aterrado por su inevitable futuro, había decidido tomar su propia vida antes de enfrentar aquel implacable y cruel castigo, cuando de repente escucha la voz de aquel hombre lleno del Espíritu Santo decir: "No, no lo hagas. No te mates. Todos estamos aquí. Hemos venido desde muy lejos, hemos pagado un alto precio, y hemos esperado mucho tiempo este momento para decirte lo valiosa que es tu vida para el Dios que te creó, que te ama, y que te invita a conocerle a través de la persona de su hijo Jesucristo". Si leo el pasaje con imaginación, aunque en apego estricto al contexto, ¡esto es lo que con total honestidad yo escucho! Y realmente me conmueve el ver el gran amor de Dios derramado en el corazón de Pablo. Sabemos que somos dirigidos por Espíritu cuando todas las personas son importantes para nosotros. ¿Puede existir algo más sobrenatural que el amor hacia nuestro prójimo?

Por supuesto, la respuesta a una muestra de amor de esa naturaleza no podía hacerse esperar:

> *"Temblando de miedo, el carcelero ordenó que trajeran luz, corrió al calabozo y se puso de rodillas ante Pablo y Silas. —Señores, ¿qué tengo que hacer para salvarme? —les preguntó suplicante, después de sacarlos de allí". (Hechos 16:29-30)*

¿Alguna vez ha venido alguien hasta ti con una pregunta similar a la de este varón macedonio? Personalmente, cuando leo y reflexiono sobre esta pregunta, la escucho en mi corazón como si este hombre estuviera diciendo: "¿Qué necesito hacer para ser como ustedes, que aun encerrados en esta prisión tienen un gozo sobrenatural, un amor inexplicable incluso por las personas de las que hemos abusado en sus derechos, una unidad ejemplar, y ahora esta determinación por ayudarme y salvarme? ¿Qué debo hacer para, como ustedes, ser sano, seguro, y completo? En una palabra, ¿qué debo hacer para ser salvo?"

Pablo y Silas no demoraron su respuesta:

> *"—Cree en el Señor Jesucristo y serán salvos tú y tu familia —le respondieron". (Hechos 16:31)*

Todo esfuerzo tiene su fruto, y todo trabajo tiene su recompensa. Hacer la obra de Dios a la manera de Dios quizás no sea el camino más fácil que puedas elegir, pero definitivamente es el más seguro, ya que solo así puedes tener la certeza de que tu trabajo y el de tu equipo no serán en vano.

HERRAMIENTAS O TESOROS

Después de un largo proceso de 13 años desde que llegué a los Estados Unidos, por fin me hice ciudadano. El proceso se había retrasado algunos años debido a una época de muchos fraudes asociados con la visa que habíamos solicitado. Luego, cuando el proceso comenzó a avanzar, se volvió a complicar por la gran cantidad de viajes que yo había realizado durante el tiempo de espera. Pero finalmente llegó el día del juramento, y al salir de la ceremonia pasé un largo tiempo reflexionando sobre lo que esta ciudadanía significaría para tantas y tantas personas que no han visto a sus familiares del otro lado de la frontera en décadas, o peor aún, personas no muy lejos de donde yo vivo, para las que este documento podría significar la diferencia entre la esclavitud y la libertad, la pobreza y la dignidad, lo inhumano y lo casi divino. Lamentablemente, muchas personas como yo, ajenas y por lo tanto inconscientes a estas realidades, cuando pensamos en la ciudadanía estadounidense lo primero que nos trae a la mente es una vida más cómoda, más segura, con más oportunidades para nuestros hijos, con acceso a los productos, servicios y entretenimiento que ningún otro país del mundo puede ofrecer... Pero, ¿cómo observa alguien lleno del Espíritu los recursos que le son confiados? Insisto, bajo la idea de la "llenura del Espíritu Santo" existen demasiadas ideas y conceptos místicos, pero lo que yo veo en Pablo y su equipo es un amor sobrenatural fluyendo a través de gente común y corriente como cualquiera de nosotros, ¡y eso me da mucho ánimo y esperanza!

El desenlace de la historia con el carcelero de Filipos no es menos sorpresivo y desafiante que su comienzo. Como era de esperarse, Pablo le compartió el mensaje del evangelio a este hombre y a todos los de su casa y, antes de ser bautizado, el carcelero les lavó las heridas, los llevó a su casa, y les preparó un cena para regocijarse juntos por haber creído en Dios.

Pablo y Silas seguramente fueron llevados de vuelta a "su hotel" después de aquella celebración. Es muy raro, pero yo siempre había escuchado predicar sobre que a Pablo y a Silas la alabanza les había abierto las puertas de la cárcel. Sin embargo, al leer mi Biblia observo que el Espíritu Santo les puso tras las rejas para liberar su poderoso amor incondicional, desinteresado y completamente sufrido por aquel hombre de la visión y por todos los de su casa... y luego Pablo y su equipo regresan a la cárcel.

Es cierto, al día siguiente los magistrados enviaron alguaciles para liberar a tan fantástico equipo de ministerio. Pero cuando su nuevo hermano, el carcelero, les comunica esto, sucede algo muy llamativo:

"Pero éste (Pablo) le respondió: —¡Ah, no! ¡Así que a pesar de que somos ciudadanos romanos nos azotan públicamente sin someternos a juicio, nos encarcelan y ahora quieren ponernos en libertad secretamente! ¡No, señor! ¡Qué vengan ellos mismos a sacarnos!".
(Hechos 16:37)

Ahora bien, perdón por la irreverencia, pero no puedo evitar imaginarme una conversación entre Pablo y yo en relación a nuestras correspondientes ciudadanías:

Yo: Pero Pablo, ¡cómo se te ocurre! Tú eres ciudadano Romano. ¿Es que acaso no conoces tus derechos?

Pablo: Por supuesto que los conozco. ¿Por qué la pregunta?

Yo: Muy sencillo, porque si tú hubieses enseñado tu green card, tu pasaporte electrónico, o ya de últimas la "SENTRi", jamás te hubiesen arrestado, ni mucho menos azotado. ¡Mira nada más cómo estás con esos vestidos desgarrados, la cara ensangrentada, y lleno de llagas por la azotes en todo el cuerpo!

Pablo: Tienes razón, Héctor, no hubiésemos sufrido tal atropello. Pero... no sé si te has dado cuenta de que fueron esas tremendas injusticias y este cruel encarcelamiento los medios que Dios usó para llevarme hasta ese hombre de la visión. ¡Yo no podría haberme ido de este lugar sin conocerle y sin anunciarle a él y a su familia el evangelio de Jesucristo! ¡Benditos los azotes, y bendito el encarcelamiento! Pero ahora sí debo de seguir mi misión de anunciar la resurrección de Cristo en Atenas, Corinto, y así sucesivamente...

Yo: (Sin palabras, sintiéndome avergonzado y entristecido por pensar en usar mi ciudadanía solo para mis fines egoístas, y no para extender el reino de Dios...) Tienes razón, Pablo. Lo siento. No sé cómo no pude verlo antes...

Sabemos que somos llenos del Espíritu cuando nuestros tesoros se convierten en nuestras herramientas para extender el Reino de Dios. Sean títulos, sean recursos económicos, sea estatus de cualquier tipo, sean dones y talentos, lo que sea que tengamos, todo debe estar al servicio de ese único fin.

"Después de todo, (dice el gran apóstol) nada trajimos a este mundo y nada podremos llevarnos". (1 Timoteo 6:7)

"Di a los ricos de este mundo que no sean orgullosos y que no depositen sus esperanzas en las efímeras riquezas sino en Dios, que siempre nos proporciona todas las cosas en abundancia para que las disfrutemos. Diles que empleen el dinero en hacer el bien, que se enriquezcan en buenas obras y que sean generosos, dispuestos a compartir lo que tengan. De esta forma estarán acumulando un verdadero tesoro para el futuro y obtendrán la vida verdadera". (1 Timoteo 6:17-19)

PREGUNTAS PARA LA REFLEXIÓN

1.- ¿Es mi teología acerca del Espíritu Santo algo que heredé de mi denominación, de mi pastor, de mi familia, de mi grupo de amigos, etc., o es el resultado de mi lectura humilde, diligente y en oración a Él?

2.- ¿Cuál ha sido hasta ahora mi mayor descubrimiento personal acerca del Espíritu Santo?

3.- ¿Qué significa para mí ser un socio y patrocinador de la obra de Cristo, y de qué manera práctica puedo empezar a serlo?

4.- ¿Qué hábitos tengo para asegurarme de que estoy escuchando la voz y recibiendo la guía del Espíritu?

5.- En una escala del 1 al 10 (siendo 1 "realmente poco" y 10 "realmente mucho"), ¿qué tan flexible me considero?

6.- ¿Cuál fue la frustración más reciente que tuve que enfrentar por el hecho de no ser flexible a la guía del Espíritu?

7.- Haciendo un análisis honesto de mis motivos, ¿qué hay detrás del deseo de dar a conocer mi iglesia?

8.- ¿Me interesa más que la gente me conozca a mí, o que conozca al Dios de la Biblia? ¿Qué esfuerzos estoy haciendo en uno y otro sentido?

9.- A cuál de estas dos ideas la asocio más con una persona llena del Espíritu Santo:
a) Alguien con una personalidad y un lenguaje sobrenaturales al

que le fluye un amor muy natural.

b) Alguien con una personalidad y un lenguaje muy naturales al que le fluye un amor sobrenatural.

10.- ¿De qué manera mi equipo y yo reflejamos un interés genuino y sincero por las personas?

11.- Hago una lista de los mayores recursos que Dios me ha confiado. ¿Considero que podría empezar a dejar de servirme tanto de ellos para empezar a servir a los demás con ellos? ¿De qué maneras?

12.- ¿Dónde puedo decir que tengo invertido mi tesoro? ¿Dónde está mi corazón?

CAPÍTULO
6

¿POR QUÉ?
- ¿CUÁL ES TU RAZÓN? -

"Para la altura de los cielos, y para la profundidad de la tierra, y para el corazón de los reyes, no hay investigación". (Proverbios 25:3, RVR60)

Esta mañana, antes de mi rutina diaria de caminar con mi esposita, prepararme un café, estudiar mi guitarra y sentarme a escribir, disfrutaba yo de la lectura de algunos capítulos en mi plan de lectura diaria de la Biblia, cuando me puse a pensar... ¡Qué momentos tan hermosos! ¡Ninguno de los otros aspectos de mi rutina puede compararse a estos! Por muy enamorado que permanezco de mi esposa, y a pesar de lo mucho que me gusta el café, no hay nada más preciado para mí que un momento, una palabra, un susurro de la voz de Dios a través de la Escritura y mi respuesta a Él en oración. Verdadera paz, verdadero descanso en Él...

Justo tenía programado el día de hoy escribir sobre este tema y concluir así este libro. Mi sorpresa fue encontrar que durante mi lectura a través de la primera carta de Pablo a los Corintios apareció el siguiente pasaje:

"Tengo limpia la conciencia, pero eso no quiere decir que sea justo. El Señor es el que tiene que juzgarme. Por eso, no se precipiten a sacar conclusiones sobre si alguien es buen siervo o no. Esperen a que venga el Señor. Él sacará a la luz lo que está oculto en la oscuridad,

y pondrá al descubierto las intenciones del corazón. Cuando ese momento llegue, cada uno recibirá de Dios la alabanza que merezca".
(1 Corintios 4:4-5)

¿Por qué hacemos lo que hacemos? ¿Por qué haces tú lo que haces? No hay una respuesta fácil para esta pregunta, ya que nuestro corazón es engañoso y perverso (Jeremías 17:9). Es por eso que Pablo, aun a pesar de tener buena conciencia, no "echa las campanas al aire" en motivo de celebración, sino que con toda honestidad escribe que quien le ha de juzgar es el Señor, quien sacará a la luz todo lo que está en oscuridad y pondrá al descubierto las intenciones del corazón.

¿Por qué hago lo que hago? Esta es una pregunta que constantemente me asalta, me inquieta y a veces incluso, me perturba. Pero Pablo nos muestra aquí las dos caras de la moneda: En primer lugar, nos dice que no debemos ser tan duros en juzgarnos. Dios es quien mejor nos conoce, y Él nos ama y no nos desecha, sino que ha prometido perfeccionar y terminar la obra que un día comenzó en nosotros (Filipenses 1:6). En segundo lugar, Pablo nos previene y anima a traer nuestro corazón delante Dios y a pedirle que investigue nuestros motivos antes de que llegue el momento en que Él se manifieste, los traiga al descubierto, y cada uno reciba la alabanza que merezca.

Estas dos verdades me traen a la memoria este amado pasaje en el libro de los Salmos:

"Examíname, Dios, y conoce mi corazón; pruébame y conoce mis pensamientos. Señálame lo que en mí te ofende, y guíame por la senda de la vida eterna". (Salmos 139:23-24)

¿Por qué plantar una iglesia? La primera iglesia que plantamos mi esposita y yo, con ayuda de nuestros amigos y colaboradores, fue en el año 1996, es decir, hace más de 20 años. Y hasta el día de hoy seguimos en la hermosa tarea de predicar el evangelio, hacer discípulos, equipar obreros, multiplicar el impacto, y plantar iglesias que hagan una diferencia en sus comunidades hasta que la gloria de Dios cubra la tierra como las aguas cubren el mar (Habacuc 2:14). Pero es recién desde hace muy poco tiempo que tengo claridad y puedo dar con toda certeza una respuesta a la difícil pregunta de por qué me dedico a plantar iglesias. Es algo que nadie puede contestar por ti, ya que a tus colaboradores y familiares les parece, se imaginan, te han oído decir... pero la respuesta a esta pregunta se encuentra dentro de tu corazón. Yo ya descubrí mi respuesta personal. ¿Conoces tú la tuya?

Te invito a escribir juntos este último capítulo, trayendo tú, tu historia, y yo, la mía. Así podremos observar en retrospectiva cuál ha sido el fruto de nuestra obra, de nuestras decisiones y, por encima de todo, el fruto de la misericordia de Dios obrando en y a través de nuestras vidas.

HECHOS PARA MÁS

Recientemente tuve el honor de participar como expositor en una conferencia sobre plantación de iglesias llamada *"Exponential"* (exponencial) en su primera edición en español, en la ciudad de Los Ángeles. El tema de la conferencia era justamente este: "Hechos para más". En este deseo de hacer más, de alcanzar a más, de extendernos más, los indicadores contemporáneos para medir el éxito han sido y siguen siendo los números. Un razonamiento lógico en este sentido es que mayores números equivalen a un mayor impacto y, por lo tanto, a un mayor éxito. Los reportes que llegan cada lunes al escritorio de cada miembro del equipo de ministerio, de los ancianos y del pastor principal son números. Números, números, números. Los números consumen una buena parte de las juntas de ministerio y son capaces de producir el gozo más explosivo o la depresión más profunda cuando te acompañan o cuando, por el contrario, te abandonan.

Necesito confesar que esa fue una de las luchas más fuertes para mí antes de escribir el libro que tienes en tus manos. Durante meses me costó mucho trabajo sentarme y escribir, porque me resultaba un aspecto doloroso y hasta vergonzoso el hecho de que los números me acompañaron siempre hasta el día en que pisé California junto con mi familia. Allí, los números se habían ido. Yo no sabía cómo procesarlo, y no había mucha gente junto a mí para ayudarme a hacerlo. No tenía de quien aprender. Mi equipo de ministerio (mis héroes y amigos) lo leían en mis gestos, en mis comentarios, en mis intentos, pero ellos no podían hacer nada por este pastor que estaba aprendiendo una nueva manera de medir... Hasta que estuve convencido: Fuimos hechos para más.

1983

Los éxitos profesionales como músico, aun a mi corta edad de tan solo 20 años, no podían quitar de mi corazón el dolor que sentía por la ruptura familiar y el odio contra mi padre, a quien responsabilizaba de la enfermedad crónica de mi hermanita, del desequilibrio emocional de mami, de la disfuncionalidad emocional que mi hermano y yo sufríamos, y de mil cosas más... En fin, de todo lo malo que ocurría y fuera a ocurrir, mi padre era el culpable. Y a pesar de que en ese año viajé por primera vez a la ciudad de Nueva York para tocar junto a una orquesta de 70 músicos en uno de los recintos más importantes de música en aquella ciudad, el Radio City Music Hall, nada de eso podía borrar el dolor, llenar el vacío de significado que había en mi interior, o darme respuesta para las preguntas más elementales de la vida como quién era yo, o cuál era la razón de mi existencia.

Fue en una célula de estudio bíblico en la casa de una amiga de mi mamá donde mi familia y yo encontramos, no solo las respuestas a todas nuestras preguntas, sino la razón misma de nuestra existencia: ¡habíamos sido hechos para más!

Esa noche se nos compartió el evangelio, creímos, y desde ese momento no me ha abandonado el hambre de conocerle cada día más. Hemos sido creados por Dios, y nuestras vidas no encontrarán jamás paz, rumbo, ni propósito si buscamos estas cosas fuera de Él. Empecé a vivir para Dios, y todo lo demás automáticamente pasó a segundo término.

1987 A 1989

Era de esperarse que, siendo yo tan bendecido por tener la mamá que tengo, de quien he recibido todo lo que soy y todo lo que poseo, fuera ella quien me trajera literalmente de la mano a la que se convertiría en mi esposa y en la madre de mis 5 hijos; mi compañera, sin la cual jamás hubiese podido hacer para el Reino de Dios nada de lo que con su gracia el Señor me ha permitido hacer.

> **HEMOS SIDO CREADOS POR DIOS, Y NUESTRAS VIDAS NO ENCONTRARÁN PAZ, RUMBO, NI PROPÓSITO SI BUSCAMOS ESTAS COSAS FUERA DE ÉL**

Durante el primer año de nuestro matrimonio estábamos tan enamorados el uno del otro que nos desenfocamos de Dios. No leíamos nuestras biblias, dejamos de servir en nuestra iglesia local, y todo esto nos trajo problemas de insatisfacción, comunicación y convivencia. Después de un tiempo, ambos reconocimos que, habiendo sido hechos para más, nuestras vidas solo encontrarían satisfacción plena, unidad y propósito en Él.

En 1989, a mis 26 años de edad y ya con el pequeño Israel entre nosotros, el artista latino más importante a nivel internacional de aquel momento me invitó a ser su director musical. Esto me trajo una tremenda cantidad de trabajo y una mayor responsabilidad. Pero eso no fue un problema. Lo que recuerdo es que cierto día, al regresar de una gira por Argentina, de repente fui consciente de que tanto en las letras de las canciones que cantábamos como en la juventud de cada ciudad en que nos presentábamos había una gran sed de amor y una enorme necesidad de conocer la verdad de que: *"Hay un solo Dios y un solo mediador entre Dios y los seres humanos, Jesucristo hombre"* (1 Timoteo 2:5). En ese momento me sentí el hombre más egoísta del mundo. ¿Cómo es posible que el evangelio me sanó, dándome una esperanza y una razón para vivir, y yo canto, tan solo porque es mi trabajo, estas canciones que no hablan más que de la miseria y el dolor en los que ya ni mi familia ni yo vivimos?

En ese momento sentí otra vez la convicción de que había sido hecho para más. Para más esperanza, más sinceridad, más amor. Para dar más. Para cumplir propósitos mayores.

Después de un tiempo de oración y plática con mi esposita Gaby, decidimos soltar lo que ocupaba nuestras manos y perder aquello que igualmente no podríamos conservar, aquello que tienen en sus manos personas más jóvenes y talentosas que yo, pero que de ninguna manera debía perderme la oportunidad y el privilegio de dedicar mis mejores años para servir a Dios. ¿Cómo? Yo no lo sabía. Nadie lo sabía. ¿Quién lo hubiera sospechado? El curso que tomaron las cosas a partir de ese momento definitivamente nos sorprendió, pero solo una cosa era clara: Dios tenía para nosotros planes mejores.

1990-1996

Comenzó la aventura de Torre Fuerte; música altisonante, estridente, disonante, pero cargada de compasión y del amor del Dios que envió a su Hijo al mundo para que todo aquel que quiera creer en Él tenga vida eterna.

Fue como volver a empezar. Pagábamos, literalmente, para tocar, ensayábamos en la casa de mi mamá, y hacíamos largos trayectos de más de 12 horas por carretera, adaptándonos a cualquier condición en la que se nos alojara, y regresando más gastados de lo que nos habíamos ido, pero con mucho gozo. El mismo gozo que era

MUCHAS PERSONAS RECIBEN AL SEÑOR, PERO, ¿DÓNDE ESTÁN UNAS SEMANAS, MESES, O AÑOS MÁS TARDE?

puesto a prueba cuando al regresar a casa veíamos el refrigerador completamente vacío, ya que solo nos habíamos traído un "Gracias por venir" y, por supuesto, un buen "Dios los bendiga". Pero esto era suficiente; no necesitábamos nada más. Uno de los bolsillos de nuestros pantalones seguía vacío, mientras que el otro estaba lleno de las promesas y bendiciones de Dios que a través de Jesucristo nuestro Señor nos habían sido dadas.

En determinado momento mi amigo William Muñoz, quien vivía en Costa Rica, recibió un cassette de Torre Fuerte que cambió su vida (¡y la nuestra!), ya que luego de eso hizo todo lo posible por llevar a la banda a su hermoso país. No mucho tiempo después estábamos proclamando el evangelio de Jesucristo con un lleno total en el gimnasio nacional de San José. Tan lleno o más que cuando habíamos ido a tocar con la estrella latinoamericana de música pop para la que trabajábamos antes.

Nuestro viaje a Costa Rica marcó un antes y un después. A partir de allí nuestra economía empezó a mejorar, ya que empezamos a ser invitados a cruzadas internacionales con evangelistas americanos, algunos famosos y otros no, pero todos con organizaciones muy solventes, y eventualmente construimos una buena base de seguidores que asistían a nuestros conciertos casi en cualquier ciudad de Latinoamérica que visitáramos. Recibimos premios internacionales, ¡y hasta las llaves de una ciudad en Centroamérica! Para entonces, ya teníamos presupuesto para grabar la música que quisiéramos en el estudio que quisiéramos.

Sin embargo, una de las preguntas que nos hacíamos mi hermano y yo era: ¿no nos mandó el Señor a hacer discípulos? Solo estamos haciendo conciertos evangelísticos tradicionales, en los que luego de algunas canciones, testimonios, y una presentación clara y bíblica del evangelio, muchas personas pasan al frente, creen, y reciben al Señor, pero, ¿dónde están esas personas unas semanas, meses, o años más tarde?

Esta inquietud, y este tipo de preguntas sin respuesta, sumadas a un estilo de vida otra vez cómodo, nos llevaron a buscar una respuesta en la Biblia, en las circunstancias (Proverbios 3:5-6), y en nuestro corazón. Claramente seguíamos sintiendo pasión por las almas, pero esta pasión era tal que no queríamos verles más como una simple multitud sino como nuestros hermanos, y anhelábamos ayudarles a conocer y a guardar lo que Jesús nos había enseñado.

Todo esto detonó cuando conocimos a María del Sol, nuestra primera oveja, quien nos recibió generosamente en la sala de su casa para leer, entender, reflexionar y abrazar cada palabra en los evangelios. Muchos de sus amigos actores, actrices, y cantantes llegaron a su casa; algunos de ellos creyeron. Finalmente, el grupo que se reunía los jueves por la mañana (horario de artista) creció tanto y tan rápidamente que tuvimos que utilizar también los jueves el salón de un hotel. María estaba horrorizada de ver que lo que había comenzado en su casa era ahora su iglesia. "¡¿Y quién es mi pastor?!", exclamaba ella con su acostumbrada carga de emociones y con las frecuencias de sonido propias de una cantante excepcional. Mi esposita Gaby le contestaba con dulzura, calma y amor:

LA ÚNICA MANERA DE PODER SER AGENTES DE TRANSFORMACIÓN ES SIENDO PRIMERO TRANSFORMADOS

"Héctor, María... Héctor es tu pastor...", y yo solo añadía: "...y todo te faltará. Pero si Jesús es tu pastor, María, ¡entonces nada te faltará!".

Yo me encontraba nuevamente en una disyuntiva muy fuerte: continuar con Torre Fuerte o seguir la pasión de mi corazón y el mandato de Jesús de hacer discípulos (Mt 28:18-20). Nuevamente sentí que había sido creado para más, y nuevamente fue el momento de soltar lo que ocupaba mis manos, para poder tomar aquello para lo cual Dios me había tomado a mí.

1998-2000

Por nuestro trasfondo como músicos, era muy natural que enfatizáramos en la necesidad de tener una muy buena banda de música. Eso hacía de nuestras reuniones algo muy atractivo, ya que por un lado habíamos ganado muchos músicos, y por otro lado muchos artistas ya consagrados empezaban a visitarnos. No teníamos ningún protocolo para participar; si cantabas, o escribías, y tenías algo preparado para compartir con la audiencia, eras bienvenido a sumarte a nuestra celebración. A eso le llamábamos el "palomazo celestial" (no tiene traducción, lo siento).

Fue así como cierto día llegó Fermín IV, el MC de la banda más representativa de rap en español de todos los tiempos; lo vi, y lo invité a subir. Él traía unas muy buenas rimas que había escrito recientemente, así que hablé con la banda, escogimos la canción y el "beat" donde insertar las rimas, y así nació la canción *Vuelo/Me has dado libertad* que dos años después grabaríamos en un DVD en la inauguración del lugar donde nos reuniríamos por algunos años, el centro de espectáculos Premiere en la Ciudad de México.

La primera reunión estaba a reventar: jóvenes bailando y cantando las canciones de la banda Semilla, casi una hora de euforia colectiva, ¡era lo más divertido que te puedas imaginar! Pero con el correr del tiempo, y a través de una serie de circunstancias, notamos que a pesar de nuestras buenas intenciones y del gran esfuerzo que hacíamos por programar reuniones espectaculares y emocionantes, los jóvenes (que eran la gran mayoría) continuaban viviendo vidas vacías, superficiales, y carnales.

En ese momento podría decirse que experimenté mi "segunda conversión", esta vez hacia la Biblia. Yo ya había observado que las personas con testimonios cristianos más consistentes, y vidas y familias centradas en Cristo, eran personas comprometidas con el hábito de la lectura y el estudio de la Biblia. Y había escuchado hablar sobre esta iglesia, cuyo énfasis estaba puesto en la enseñanza sistemática de la Biblia, y acerca el tremendo avivamiento que esto produjo en los años '70 en la costa oeste de los Estados Unidos.

Además, en nuestra época de Torre Fuerte yo había conocido a uno de esos pastores, cuya historia y amistad me inspiraron mucho. Junto con la iglesia a su cargo, en la ciudad de San Diego, todos los años iban a alguna de las ciudades principales de la república media y, en una semana, impactaban a la ciudad entera con el testimonio de Cristo; desde las calles hasta la cárcel y los hospitales; desde los centros de entretenimiento hasta las cúpulas de gobierno. Todo esto llevado a cabo por voluntarios que, aun sin hablar el español, contribuían cada uno en lo que podía para que nuestra gente conociera del amor de Cristo.

NECESITAMOS TENER MUY CLARA LA RESPUESTA A ESTA PREGUNTA: ¿SERVIRÉ YO A LA IGLESIA, O ME SERVIRÉ DE ELLA?

En ese momento soñé para nosotros en la Ciudad de México una iglesia en la que el eje ya no estuviera puesto en entretener, ni siquiera en informar, sino en transformar, ya que la única manera de poder ser agentes de transformación es siendo primero transformados. Pero me surgieron nuevas preguntas. ¿Cómo sucede una verdadera transformación? ¿Qué es lo que la produce?

El pensar acerca de estas preguntas me llevó a una conclusión simple, pero que requeriría todo nuestro esfuerzo y devoción: comprendí el poder y la suficiencia de la Biblia para transformar el corazón de las personas. Y una vez más, nos tocó preguntarnos: ¿hay algo que necesitemos soltar o abandonar para poder abrazar y modelar un compromiso serio con la enseñanza sistemática de la Palabra de Dios?

Así fue como la iglesia Semilla de Mostaza abandonó los programas sofisticados y emocionantes, para dar paso a la sencillez, el poder y la suficiencia de la Palabra de Dios, la única capaz de convertir el alma, de hacernos sabios a aquellos que somos torpes, de alegrar el corazón, de alumbrar los ojos, de abrillantar a las personas grises como había sido yo en un tiempo, de mostrar nuestros errores, de librarnos de las soberbias, y de hacer que los dichos de nuestra boca, pero sobre todo, las meditaciones de nuestro corazón, sean agradables a Dios. (Salmo 19:7-14)

2001-2004

Por una enfermedad de mis bronquios, en este tiempo mi familia y yo nos fuimos a vivir a Cuernavaca, Morelos, una pequeña ciudad a 75 km. de distancia de la ciudad de México. En esta ocasión, yo no escogí el campo misionero, sino que éste me escogió a mí, y después de un año de vivir en Cuernavaca, acompañado por amigos muy valiosos plantamos una segunda iglesia allí. Para mi sorpresa, no habían pasado ni dos años y la iglesia había crecido casi exponencialmente.

Nuestro énfasis era la enseñanza sistemática de la Biblia, y podíamos comprobar el honor y exaltación que Dios ha dado a su Palabra y a su Nombre por sobre todas las cosas (Salmo 138:2b). Nos habíamos despojado de muchos aspectos litúrgicos heredados de otras iglesias para dedicarnos con devoción a 4 cosas: las enseñanzas de los apóstoles, partir el pan juntos, tener a Jesús en el centro de nuestras vidas, y la oración (Hechos 2:42-47). El crecimiento que Dios produjo a partir de ese esfuerzo se tradujo en la multiplicación de discípulos, de ministerios y de misiones en los lugares más insospechados, tales como cárceles, mercados, ciudades aledañas, etc.

Para entonces yo ya sabía que mi llamado era el de equipar a otros para aprovechar esas maravillosas oportunidades de extender el Reino que Dios parecía abrir delante de nosotros. Muy pronto también comprendí que si yo llamaba a la gente al ministerio, sus expectativas serían muy altas y su dependencia sería cien por ciento de mí, pero si esperaba a que Dios llamara a sus obreros a la obra del ministerio (Mateo 9:35-38), entonces mi trabajo sería solo entrenarles y abrir oportunidades para cada uno de ellos. Fue entonces cuando mi dicho "¡Dale, papá!" se hizo famoso, puesto que incluso algunas personas con un llamado claro a la obra, un corazón enorme, y un talento comprobado, se sentían como que yo las corriera de la iglesia al animarles a plantar más y más iglesias en otros lugares.

Pero llegó un momento en el que esta iglesia, muy bien establecida en dos ciudades y con algunas otras misiones que después de un tiempo florecieron también como hermosas iglesias, ya no me necesitaba. A pesar de amarles y de ser amado por ellos, reconocí que había personas más jóvenes, más talentosas y más capaces, que podían muy bien tomar el timón y, dirigidos por el Espíritu Santo, darle a esta iglesia rumbo hacia una nueva etapa de consolidación. Pero quiero decirte esto: hay un punto cuando la tentación viene a todo hombre de Dios, en el que necesitamos tener muy clara la respuesta a esta pregunta: ¿la iglesia existe para servirme a mí, o yo existo para servir a la iglesia? Dicho de otra manera: ¿serviré yo a la iglesia, o me serviré de ella?

Al pensar en mi siguiente etapa, la idea de la interrelación entre las nuevas iglesias, y no la interdependencia, se apoderaba más y más de mí, así que estaba listo para llamar a pastores de las diferentes iglesias... pero sin embargo algo me detenía. Estaba muy cómodo otra vez; mis hijos estaban creciendo, y yo, que no tenía que trabajar

PLANTACIÓN DE **IGLESIAS**

tanto ya, podía dedicarme más a mi familia, cosa que hice, gracias a Dios, pero después de eso... ¿qué sigue?

Sabía que un gran cambio venía para mí y para mi familia, pero no podía anticipar ni un poco de lo que el Espíritu tenía para nosotros.

2005

Después de un proceso largo y minucioso de entrevistas, recibí la invitación para sumarme al trabajo que la iglesia WCCC estaba haciendo en los suburbios al noroeste de la ciudad de Chicago. Yo había estado orando por la comunidad latina en esa región desde que supe de los esfuerzos que esta iglesia estaba haciendo por alcanzarla y servirla. Lo que nunca imaginé fue que de entre más de 100 candidatos, la mayoría de ellos con estudios de posgrado en teología, administración de empresas, artes, y demás, ¡me escogerían a mí!

Al invitarme a trabajar allí me hicieron también una oferta económica que nunca miré, y menos aún consideré, porque mi decisión no pasaba por ese aspecto. Solamente después de un tiempo difícil de discernimiento con mi esposita, mis hijos y mi equipo, finalmente aceptamos, tomando así la decisión de ser trasplantados a un nuevo país, una nueva cultura, nuevos valores, nuevos amigos, nuevas realidades, etc., etc. En nuestras iglesias pusimos pastores autónomos, independientes el uno del otro, y quitamos nuestras manos de absolutamente todo para comenzar de cero en los Estados Unidos. ¡Era como si me hubieran cortado una pierna! Nuestros recursos, nuestros amigos, nuestra influencia, nuestra cultura, nuestras familias... todo había quedado atrás. Solo llevaba conmigo a mi esposita, mis hijos, mi equipo de ministerio, y, lo más importante, la Palabra de Dios. Con eso bastaría. Yo ya había comprobado lo poderosa que ésta es, y lo irresistible que resulta cuando es expuesta con amor, en su contexto, de manera que todos la puedan entender.

En medio de una cultura corporativa y altamente estratégica, yo me concentré solamente en cuidar de la calidad de la enseñanza, confiando en que Dios se encargaría de la cantidad. La generosidad y la confianza que inmerecidamente recibí del Pastor Bill Hybels (a quien la comunidad hispana de Casa de Luz le debe tanto) así como mi enfoque láser en la enseñanza bíblica y el discipulado, dieron a luz el ministerio más saludable que hoy esta iglesia de impacto municipal tiene: durante 7 años tuvimos un crecimiento numérico de 20% anual. Insólito. Ningún otro campus observó un crecimiento de esa magnitud. Dios había puesto su mano sobre nuestros esfuerzos nuevamente, porque Él prometió honrar su Palabra y su Nombre sobre todas las cosas.

DIOS ES ESPECIALISTA EN REDIMIR HISTORIAS, Y REDIMIÓ TAMBIÉN LA MÍA

Muchas cosas aprendí de mi familia de WCCC. Una de ellas, que celebro y agradezco profundamente, es la posibilidad que tuve de conocer las historias más crudas y terribles de tantos inmigrantes (indocumentados en su gran mayoría) que llegaron a ser parte de mi familia. Habiendo sido yo un burgués elitista en la ciudad de México, solo sirviendo a personas educadas y de cierto estatus social, ahora mi nueva familia eran todas estas hermosas personas que desde las áreas rurales venían a los Estados Unidos en busca de una oportunidad que en México la gente como yo no les había dado, sirviéndonos, en la mayoría de los casos, de su necesidad.

Dios es sumamente sabio y bueno. Él es especialista en redimir historias, y redimió también la mía. Yo había sido un religioso ensimismado con sus sueños de salvar el mundo a su manera, y ahora el Señor me estaba permitiendo conocer, amar y servir a cada uno de estos hombres y mujeres con sus quebrantos, sus luchas, sus tremendas cargas, y sus enormes retos como personas indocumentadas. En el proceso, comprobé nuevamente, lo que a lo largo de mi historia hoy puedo ver con claridad: había sido hecho para más. Y fue así como experimenté lo que he aprendido a llamar mi "tercera conversión", esta vez, hacia mi prójimo. Hice de sus luchas mis luchas, y de sus cargas mis cargas. Ya no eran ellos y yo; éramos nosotros.

2012

Mi tiempo en WCCC había terminado. No había una razón "lógica", lo reconozco. "¿Por qué comenzar nuevamente donde empezaste hace 7 años?", me preguntaba el pastor Bill, "¿Qué necesitas? ¿Un programa de televisión, viajes, conciertos...?" A veces miro hacia atrás y me pregunto, ¿y si hubiese dicho que sí a todo eso? Me río ahora, a la distancia, pero esas semanas en las que otra vez tenía que discernir lo que Dios quería, comunicarlo a mis colaboradores, a mis amigos, a mi familia, a la iglesia, a mi pastor, a los ancianos... y eso sumado al dolor de volver a dejar todo lo que teníamos. Fue un tiempo muy desgastante. Recuerdo que le produjo muchas lágrimas a mi esposa, pero ni aun así desistía de mi osada decisión: el plantar la primera de muchas iglesias en el sur de California, y la posibilidad de extendernos hasta el otro lado de la frontera, se habían apoderado de mi corazón. Mi comodidad, mi estatus, y mi estilo de vida en ese momento en Chicago estaban haciendo todo lo posible para hacerme desistir, pero yo sabía que había sido creado para más y al fin, con mucho pesar en mi corazón, pude soltar todo eso y renuncié.

La llegada al sur de California fue muy suave. Mi amigo Gene, pastor principal de ECC, había hecho un esfuerzo enorme por traerme para ayudarle a sumar números a su extraordinario trabajo en esa iglesia, ubicada en ese momento en el número 13 del "ranking" de las iglesias de más rápido crecimiento dentro de los Estados Unidos. Sus expectativas acerca de lo que yo podía hacer para alcanzar a la comunidad latina eran enormes, y encontramos una interesante manera de trabajar. Mientras que en Chicago la iglesia latina y la iglesia norteamericana funcionábamos como un matrimonio (los espacios son comunes, los fondos son propios pero su uso es supervisado por los ancianos en común, adquirimos sus tradiciones, sus valores y sus costumbres, nuestro calendario gira alrededor de el de ellos; suena quizás un poco descortés, pero en la práctica, aunque somos una misma iglesia, en muchos sentidos seguimos comportándonos como dos; mucha tensión siempre en el establecimiento de estrategias, metas, prioridades, y presupuestos; el desgaste burocrático es enorme), con Gene decidimos funcionar más como un hermano mayor que comparte todo lo que tiene con su hermano menor con la esperanza de que éste crezca, se desarrolle, sea autosuficiente, se independice y se multiplique.

Así comenzamos Semilla en el condado de Orange, y así funcionamos durante algunos años. Uno de nuestros aprendizajes fue que mucha de la comunidad latina asentada en el sur de California no cruzó la frontera, sino que la frontera les cruzó por encima. Su idioma es el inglés, y a pesar de sus nombres y sus rostros latinos, su cultura es norteamericana. También aprendimos que, por la proximidad con la frontera, el comportamiento de aquellos que la cruzan es muy volátil, por lo que la puerta trasera de la iglesia es muy grande y el trabajo de retención requiere muchas veces de un doble esfuerzo. Aunque si de retención se trata, no es posible dejar de hacer referencia a la enorme oferta de espectaculares servicios religiosos, con las mejores bandas de alabanza, con producción y edificios de ensueño, y con los autores y predicadores más famosos en vivo frente a tus ojos. De entre estos, incluso aquellos que no son locales ven la manera de tocar base una vez por semana en el área de Los Ángeles. Como podrás imaginarte, esta cultura obliga a las iglesias a apartar un alto porcentaje de su presupuesto para poder competir, de una u otra forma, con la gran oferta de celebridades cristianas. Quizás sea por esa razón que el área de Los Ángeles resulta una plaza tan interesante para los ministerios itinerantes que buscan robustecer a las iglesias más pequeñas con dosis de buena música, autores, oradores, etc. Ahora bien, mi percepción personal es que todo esto produce un "efecto rotativo", en el que los cristianos evangélicos, latinos o no, asisten cada semana a la iglesia que tiene una mejor oferta, promoviendo así una mentalidad de competencia entre las distintas iglesias, y de consumo entre los creyentes, que al final resulta contraproducente.

¿Por qué digo contraproducente? Porque esa mentalidad al final deriva en que las personas tengan una actitud dependiente de lo que la iglesia y su staff puedan ofrecerles, más que estar concentradas en desarrollar sus dones y talentos en beneficio de otros, lo cual traería un verdadero y sostenido crecimiento en el cuerpo de Cristo. De manera que con este "efecto rotativo" o "efecto saltamontes" en el que los cristianos saltan continuamente de un lugar a otro, no necesariamente se llega a alcanzar a las minorías. Por el contrario, estas siguen segregadas, en las sombras, atemorizadas por su estatus migratorio y además, algo quizás más difícil de resolver, por la brecha de desigualdad que encuentran aun dentro de "el país de las oportunidades". Por ejemplo, la educación está categorizada de acuerdo a la ciudad en que vives. Si la ciudad tiene riqueza y recauda así una buena cantidad de impuestos, entonces los alumnos de las escuelas públicas tienen acceso a los mejores programas educativos, y a clases extracurriculares como música, deportes, etc. Las ciudades donde viven las minorías no tienen estos recursos. Y es cierto que el gobierno destina fondos a algunas escuelas llamadas "título uno" para equilibrar un poco la falta de oportunidades que tienen estos niños, pero para esto les exigen a los padres su participación activa en estos programas, entre otros requisitos; lamentablemente, nuestra gente está ocupadísima trabajando 2 y hasta 3 turnos, e incluso aquellos que pudieran hacerlo, simplemente por falta también de educación, viven atemorizados y no se involucran.

Nuevamente pude sentir cómo surgía la disyuntiva dentro de mí: ¿En qué lugar de la ecuación quiero estar? ¿Compitiendo por un lugar en el círculo de celebridades cristianas, haciendo evento tras evento, concierto tras concierto, y fomentando este "síndrome de la sanguijuela" que dice "¡Dame, dame!" y nunca se sacia (Proverbios 30:15), o intentando, fracasando, volviendo a intentar, llorando, y aprendiendo a ser iglesia para las personas que viven en las sombras, en el temor, sin pertenecer a nada ni a nadie, difíciles de conocer, de alcanzar y de servir?

Al igual que las veces anteriores, yo sentí la convicción de que había sido creado para más. Por eso, junto con mi equipo de ministerio y mis ancianos, decidimos dejar de hacer conciertos que atrajesen a otros cristianos para nuevamente enfocarnos en hacer discípulos. ¿Cómo discipulas a jóvenes cristianos de segunda generación, los empoderas, y los equipas para que ellos sean los que ganen, alcancen y sirvan con el evangelio a estas personas, todavía minorías, pero con una cultura americana y que hablan el idioma inglés? En mi caso, al no haber nacido yo en los Estados Unidos, y al no poseer la cultura ni ser un 100% fluido en el idioma, esto me ha forzado a depender de mi equipo. Y aunque suene a una debilidad, he aprendido a reconocerla y aprovecharla, siendo muy intencional en ello. Pero más que verlo como una estrategia, siento que tengo el privilegio de ser aceptado y amado por ellos, ya que ellos son ahora la única familia que tengo... ¿No es mejor un amigo cerca que un hermano lejos? (Proverbios 27:10).

En mi despedida con el pastor Bill, él me dijo: "No sé si lo sabías, Héctor, pero Dios te creó para hacer realidad los sueños que Él pone en la gente". Luego me sonrió, nos dimos un abrazo, y nos dijimos hasta pronto. Esas palabras, junto con algunas otras, las atesoro muy dentro de mi corazón, en el lugar donde pudieran haber estado guardadas las palabras que mi padre nunca me dijo pero que sin embargo Dios, en su gran misericordia, me ha hecho oír de muchas maneras en diversas ocasiones.

Hacer realidad los sueños que Dios ha puesto en la gente; esa es mi misión. Nada me da más alegría que ver a las personas "florecer". Me encanta abrir nuevas oportunidades para los discípulos de Jesucristo. Ahora en nuestra iglesia tenemos reuniones en inglés y en español donde todos tienen una oportunidad de servir y de usar sus dones en beneficio de los demás. No ha sido un proceso fácil, ya que empoderar a las nuevas generaciones provoca la envidia de algunas personas que, sin estar dispuestas a pagar el precio de ser discípulos, tan solo quieren sus 15 minutos de atención. Hemos desarrollado también un programa llamado *Universidad Semilla* en el que a través de una educación de clase mundial, doctrinalmente no tendenciosa, cerramos la brecha de la ignorancia, para equipar así a las nuevas generaciones de pastores plantadores, junto a los cuales continuamos aprendiendo a transformar nuestro entorno proclamando el evangelio de Jesucristo un discípulo a la vez.

2015

A pesar de los 170 kilómetros de distancia que separan al condado de Orange, en California, de la frontera más cercana con México, y sin tener un plan definido, mi esposita y yo, junto con un equipo de colaboradores, comenzamos reuniones de oración en Tijuana (una ciudad en México que se encuentra ubicada al sur de California), preguntándole a Dios: "¿Qué quieres hacer aquí con nosotros? ¿Por qué has puesto esta carga en nuestros corazones que no alcanzamos a entender?"

De un tiempo a esta parte le he pedido a Dios que me permita en la oración ser parte de la respuesta y no de la pregunta. Y eso fue lo que sucedió cuando comenzamos a reunirnos en el otoño de 2015. Ahí estábamos, tratando de ser la respuesta a las oraciones de alguien más... ¡pero no conocíamos las peticiones! ¿Cómo, entonces, podríamos ser la respuesta? Éramos completamente ajenos a las dinámicas sociales que viven las personas de la frontera, así que llegamos allí, no con un modelo ni con un plan definido, sino solo con un corazón dispuesto a aprender, a escuchar y a reaccionar con el amor con el que Jesús nos había amado. Nada más, y nada menos.

Durante esa época, nuestro estudio capítulo por capítulo y verso por verso del evangelio de Lucas fue mucho más que solo refrescante; fue revelador y transformador. Escuchar la declaración de visión y misión del Señor en Nazareth verdaderamente me confrontó:

> "El Espíritu del Señor está sobre mí, porque me ha ungido para dar buenas noticias a los pobres. Me ha enviado para anunciar libertad a los presos y dar vista a los ciegos, para poner en libertad a los oprimidos, para anunciar el año en que el Señor nos dará su favor".
> (Lucas 4:18-19)

Este es el momento, después de la tentación en el desierto, en el que Jesús llega a Galilea en el poder del Espíritu, enseñando en las sinagogas, donde era admirado por todos. Cuando en la sinagoga de Nazareth le entregaron el pergamino del profeta Isaías, Jesús dio lectura a esta increíble profecía que estaba teniendo su cumplimiento en ese mismo momento (Lucas 4:21). ¡La gente estaba maravillada por estas palabras de gracia que salían de su boca! Una gracia que no entendieron hasta que el Señor les dio la explicación... Y es que la gracia, al menos para mi entendimiento finito y limitado, es el tópico más profundo y difícil de asimilar, y aún más difícil de transmitir. En su explicación, el Señor Jesús primero descarta la idea barata de que el centro del mundo es el pueblo de Dios, una élite a la que Él escoge para sus exclusivos intereses. Luego conecta su explicación con el pacto hecho con Abraham, a quien el Señor, tal como leemos en Génesis 12:1-3, le hace saber su sentir por todas las familias de la tierra (no tan solo unas cuantas). Leamos juntos cómo terminó este episodio: "Jesús les dijo:

> —Sin duda ustedes me dirán ese refrán: 'Médico, cúrate a ti mismo. Haz aquí, en tu propia tierra, lo que hemos oído que hiciste en Capernaúm'. Pero yo les aseguro que ningún profeta es bien recibido en su propia tierra. En tiempos de Elías no llovió por tres años y medio y hubo mucha hambre en toda la tierra. En Israel vivían muchas viudas en esa época; sin embargo, a Elías no lo enviaron a ninguna de ellas, sino a una viuda de Sarepta, cerca de la ciudad de Sidón. Y en tiempos del profeta Eliseo había en Israel muchos enfermos de lepra, pero Eliseo no sanó a ninguno de ellos sino sanó a Naamán, que era de Siria.

> Al oír esto, todos los que estaban en la sinagoga se pusieron furiosos, se levantaron y lo echaron fuera del pueblo. Lo llevaron a lo alto de la colina sobre la que estaba construido el pueblo, para arrojarlo desde allí, pero él pasó por en medio de ellos y se fue".
> (Lucas 4:23-30)

¡Pero qué atrocidad! ¡Una viuda y un leproso, ambos gentiles! ¡Como si el ser mujer o el estar enfermo en aquella cultura no fuesen ya suficiente para ser despreciados! Me imagino la indignación de los que estaban en la sinagoga... Sin embargo, Jesús quería dejar bien claro que Él había venido como el Mesías a esa nación escogida con el fin de ser un regalo y una bendición para toda la humanidad (1 Pedro 2:9)

El hecho de estudiar el evangelio de Lucas y ver a Jesús tan enfocado en los necesitados, vulnerables y rechazados, nos hizo orar por una iglesia con un corazón inclusivo, servicial, y generoso. También fue necesario tener en cuenta otro aspecto de esta nueva etapa: Cuando una plantación atrae personas ya cristianas (cosa que debería ser la variable y no la constante) el proceso hacia la madurez cristiana es más corto, puesto que cada una de esas personas ya ha comenzado su proceso único y personal de transformación desde el día que se convirtieron, no desde el día en que se adhirieron a esa plantación. Por otra parte, cuando una plantación comienza ganando personas para Cristo, el proceso suele ser un poco más lento (aunque la gran ventaja es que no se pierde tiempo en desaprender principios, valores y costumbres adquiridos en sus experiencias pasadas, algunos de ellos no ajustadas ni a los principios bíblicos ni al estilo de Jesús).

2018-2019

Ya te conté un poco de esta parte de mi historia en el Capítulo 2. A finales del año 2018 la República Mexicana fue cruzada por miles y miles de migrantes, predominantemente de origen hondureño, que viajaban con el propósito de recibir asilo político en los Estados Unidos. Meses antes de que llegaran a las fronteras estábamos ya preparándonos y dialogando sobre cómo deberíamos recibirles a la luz de las enseñanzas radicalmente inclusivas del manifiesto de

Jesús. Por razones de seguridad, la mayoría de ellos optaron por viajar hacia la frontera noroeste, así que muchos de ellos vendrían hacia nosotros.

Yo me encontraba por unos días en Texas, visitando a mi mamá para fin de año, cuando escuché por las noticias que miles de ellos habían llegado ya, cosa que nos sorprendió bastante, aunque lo más difícil fue escuchar sobre la clase de recibimiento que habían tenido. Un sector importante de la población estaba resentido, quizás por las caravanas anteriores, o por el comportamiento de algunos miembros de esa caravana en otros puntos de la república, y algunos migrantes reaccionaron violentamente también, por lo que durante todo el fin de semana hubo un ambiente de fuerte descomposición social que llegó incluso a provocar que las garitas cerraran completamente la entrada a los Estados Unidos por algunas horas.

Como ya te conté antes, fue en este contexto que nació la idea de hacer un festival de fin de año para las familias del albergue Benito Juárez donde estaban concentrados la mayoría de los migrantes. Una cena caliente, regalos, y un concierto con algunos de mis amigos cantantes y músicos para animarles a confiar en Cristo e invitarles a buscar la paz y el bienestar de la ciudad que les estaba recibiendo, ya que en esa paz encontrarán ellos también su paz. Nos acercamos a las autoridades, quienes nos dieron todas las facilidades, nuestros amigos artistas buscaron un hueco en sus ocupados calendarios, reservamos vuelos, buscamos patrocinadores para la cena, los regalos, el audio, etc., y finalmente... hicimos una visita al albergue para conocer las condiciones en las que la cena-concierto se llevaría a cabo. Para nuestra sorpresa, y pese al gran esfuerzo de nuestro gobierno sumado al de tantas asociaciones sin fines de lucro y tantas fundaciones nacionales e internacionales para darles un trato digno a estas familias, nos encontramos con que las condiciones en las que estaban viviendo estas personas eran más que caóticas. La situación era desesperante, había todo tipo de carencias, y, como si esto fuera poco, el campamento estaba a punto de ser declarado en cuarentena debido a un brote de sarampión que, de no controlarse, podía acabar en una pandemia.

Sin embargo, pese a las dificultades, las autoridades nos daban todas las facilidades para que pudiéramos hacer, si no todo, por lo menos algo de lo planeado. Pero... nuevamente yo sentí la voz del Espíritu hablándole a mi corazón: "Héctor, tú estás planeando una ayuda que la gente no necesita. Siempre quieres sentirte el héroe de la película y ofrecer la ayuda que a ti te hace sentir bien, en lugar de la que las personas necesitan". Esa fue la convicción que sentí muy fuerte dentro mío, cuando ya casi a punto de emprender el regreso a mi casa en Orange County, entré a una pequeña tienda de abarrotes con la intención de comprar un agua antes de cruzar a pie la frontera de regreso a los Estados Unidos. Mientras estaba en la fila para pagar, escuché que había una discusión entre el que atendía y un hombre moreno que calzaba unas sandalias y hablaba con un acento diferente al acento local. Este hombre le suplicaba al de la tienda, le pedía por favor que le ayudara, pero la discusión terminó con este hombre saliendo de la tienda... y yo yendo tras de él.

Mi esposa me había dado unos billetes en moneda mexicana por si necesitaba comprar o pagar algo. Llamé al hombre, le puse los billetes en la mano, y le dije que todo iba estar bien, que Dios tenía cuidado de sus hijos. ¡De repente el hombre se me echó a llorar en el hombro, agradeciendo en voz alta la bondad de Dios! Lo que yo había puesto en su mano era la misma cantidad que él había estado tratando de cobrar por un envío que su hermano le había hecho desde Estados Unidos, pero que por falta de documentos no le quisieron entregar.

Lo hicimos nuestro amigo, y lo recibimos en nuestra comunidad como un hermano muy amado. Su esposita y su hija habían quedado en honduras, y Carlos reconoció que estaba huyendo de compromisos económicos con temor, arriesgando lo más por lo menos. Así que, cuando estuvo listo, lo pusimos en un transporte de regreso a su casa, desde donde nos mandó fotos junto con su familia una vez que se reunió con ellos. Nuevamente sentí esa fuerte convicción en mi corazón: "Fuiste hecho para más; más amor, más sacrificio, más servicio, más misericordia".

Tal como te compartí en el capítulo 2, lo que eran números para mí, volvieron a ser historias. Rostros. Personas en las que veo el rostro mismo de Jesús. Hombres y mujeres vulnerables, sinceros, y deseosos de amar y de ser amados. Aquel prójimo de la historia del buen samaritano que sintió misericordia hacia un hombre moribundo; ese era yo. Antes había vivido intoxicado de egoísmo, infectado de religión, y sediento de aquello que nunca traería satisfacción, porque ésta viene con el dar a otros, no con el recibir (Hechos 20:35).

Sin embargo, aún me pregunto, ¿quién necesita de quién? Estas personas, sinceramente, no necesitan de mí en absoluto. Ya tienen quien las ame y las cuide:

> *"Pero el necesitado no será olvidado para siempre, ni para siempre se perderá la esperanza del pobre". (Salmos 9:18, NVI)*

Entonces, ¿quién necesita de quién? No podría dar una mejor repuesta a esta pregunta que la que dio Jesús a sus discípulos en el Monte de los Olivos:

"Cuando yo, el Hijo del hombre, venga en todo mi esplendor junto con los ángeles, me sentaré en mi trono de gloria y las naciones se reunirán delante de mí. Y las separaré como el pastor separa las ovejas de los cabritos. A mis ovejas las pondré a la mano derecha; a los cabritos, a la izquierda.

LA VERDADERA MISIÓN CONSISTE EN "IR, SERVIR, Y AMAR"

Entonces yo, el Rey, diré a los de mi derecha: 'Vengan, benditos de mi Padre. Entren al reino que está preparado para ustedes desde la fundación del mundo, porque tuve hambre y me dieron de comer; tuve sed y me dieron de beber; fui forastero y me alojaron en sus casas; estuve desnudo y me vistieron; enfermo y en prisión, y me visitaron'.

Y los justos me preguntarán: 'Señor, ¿cuándo te vimos con hambre y te alimentamos, o sediento y te dimos de beber? ¿Cuándo te vimos forastero y te alojamos en casa, o desnudo y te vestimos? ¿Y cuándo te vimos enfermo o en prisión y te visitamos?'.

Yo, el Rey, les responderé: 'Todo lo que hicieron a mis hermanos necesitados a mí me lo hicieron'.

Entonces me volveré a los de la izquierda y les diré: '¡Apártense de mí, malditos, al fuego eterno preparado para el diablo y sus demonios. Porque tuve hambre y no me alimentaron; sed y no me dieron de beber; cuando fui forastero, me negaron hospitalidad; estuve desnudo y no me vistieron; enfermo y en prisión, y no me visitaron'.

Ellos responderán: 'Señor, ¿cuándo te vimos hambriento, sediento, forastero, desnudo, enfermo o en prisión y no te ayudamos?'.

Y les responderé: 'Cada vez que se negaron a ayudar a uno de mis hermanos necesitados, se estaban negando a ayudarme'.

Irán, por tanto, al castigo eterno, mientras que los justos entrarán a la vida eterna". (Mateo 25:31-46)

"TU 'TAS PROGRESANDO"

Cuando en un congreso de varones en la ciudad fronteriza de Mexicali, no muy lejos de Tijuana, fuimos invitados como oradores mi amigo Joe Rosa y yo, aprovechamos la oportunidad y nos tomamos un café para ponernos al corriente después de demasiados años sin vernos. Yo aún estaba tratando de procesar este camino que Dios trazó para mí, particularmente el haber abrazado la declaración de misión de Jesús como propia, al enfocarme de lleno en las personas menos favorecidas. Repito, por ese entonces aún estaba en medio del proceso, y no había asimilado del todo algunas realidades a las que me he referido en este libro.

"Pero Joe", recuerdo que le dije, "estoy llegando a una edad adulta y, a decir verdad, la casa que teníamos en México la vendimos para subsidiar los primeros años de nuestra estancia; el establecer iglesias con liderazgo autónomo nos hace cada vez comenzar de cero, y, repito, estamos llegando a una edad en la que nuestras capacidades están disminuyendo considerablemente... Y, sabes, parece ser que la cultura de California es tan interesante que para algunas de las personas de la misma iglesia solo soy Héctor. Eso en sí no me molesta, sino que siento que nada de lo que diga o haga les impresiona; parece ser que mi estilo de "no imponer, sino inspirar" les es tan indiferente que prefieren ser presionados y hasta maltratados por otras personas, antes que ser amados y alimentados por mí. Lo que haga o deje de hacer no es importante para ellos...", y yo seguía con mi lista de asuntos sin resolver mientras Joe simplemente me miraba hablar. Cuando terminé de contarle estas y otras cosas que hacían difícil el proceso de transición en nuestro corazón, y particularmente en el mío, Joe me miró, me sonrió y me dijo: "¿Te acabo de escuchar hablar de sacrificio, servicio, amor? ¡Pero Chacho, tú 'tas progresando!".

¡Qué respuesta! ¡Cuánta luz en un comentario tan breve! Por

décadas mis mensajes, mis canciones, y aun mis conversaciones han gravitado alrededor de este tema: el amor. Y ahora estoy decidido a manifestarlo, a vivirlo, a hacerle visible. Cuando tuve el honor de conducir el programa de televisión Club 700 Hoy, después de cada historia nos tomábamos un tiempo para hablar del amor de Dios e invitar a los televidentes a considerarlo, confiando en Jesús como su Salvador personal. No podía existir una mejor oportunidad para hablarle al mundo del amor de Cristo... aunque, a decir verdad, yo sentía que de mi parte faltaba algo. Me faltaba entender que no solo debía hablar acerca de este amor, sino que debía ir más allá y mostrarlo, ya que eso es justamente lo que hizo Dios:

> "Dios, no obstante, nos demostró su amor al enviar a Cristo a morir por nosotros, aun cuando éramos pecadores".
> (Romanos 5:8)

> "Dios amó tanto al mundo, que dio a su único Hijo, para que todo el que cree en él no se pierda, sino tenga vida eterna".
> (Juan 3:16)

VISIÓN

Por años tomé prestada una declaración de visión ajena que decía más o menos así: "Llamar, capacitar y enviar" (llamamos personas, capacitamos creyentes, y enviamos discípulos). Se me hace que es una buena manera de expresar la curva de la vida: naces, creces y te reproduces. Suena más que lógico, y podemos verlo con claridad en el Nuevo Testamento. Solo que

ADMINISTRADOR, NO DUEÑO. SIERVO, NO ESCLAVO

hay un aspecto de esta visión que debemos tener muy claro, y es que la pregunta clave es: ¿quién llama, quién capacita, y quién envía?

Yo solía responder muy rápido, y con cierta arrogancia, a esa pregunta: "Pues yo, el pastor. Yo llamo, yo capacito y yo envío". Con el paso del tiempo Dios me ha hablado y me ha convencido a través de la lectura de la Biblia, y el Espíritu me ha mostrado mi error. Ahora entiendo que el que llama es Él, el que da el crecimiento es Él y el que envía es Él.

Antes, no solo he sido arrogante sino también negligente, porque claro, si yo envío, el asunto es muy fácil. No necesito ir yo mismo. ¡Puedo hacer que otro vaya en mi lugar! Gracias a que cambié mi manera de pensar acerca de la misión de la iglesia, hoy estoy inmensamente feliz de estar en una ciudad donde jamás pensé estar. Mi esposa está más radiante que nunca, discipulando jovencitas y mamas jóvenes, y preparando comida con sus manos "para llenar la pancita", como dice ella, a las personas indigentes en la línea de la frontera que decidimos servir cada vez que la cruzamos. Si nuestra misión todavía fuera "enviar", ella estaría hoy pensando en cualquier afán o vanagloria de la vida. ¿Y yo? ¡De eso mejor ni hablemos! Doy gracias a Dios porque Él nos mostró que la verdadera misión consiste en "ir, servir, y amar".

SUMÁNDONOS

Así fue que, en un retiro de dos días, junto con nuestros equipos de ministerio y nuestros ancianos, formulamos nuestra nueva declaración de misión, también en tres partes:

> "Somos una comunidad multigeneracional,
> apasionada por servir a Jesús,
> equipándonos en Su Palabra
> y sumándonos a la restauración del mundo".

Los aspectos de comunidad los teníamos muy claros. Los habíamos modelado ya antes, sabiendo que el vínculo entre nosotros es verdaderamente con el Padre y con su Hijo Jesucristo (1 Juan. 1:1-4).

La parte de equiparnos en su Palabra ha sido un valor importantísimo y un fuerte énfasis en el movimiento de las iglesias Semilla por años. Lo pusimos de una manera tan evidente porque sabemos que este aspecto, aparte de ser el quehacer de la iglesia del primer siglo (Hechos 2:42-47), es la única fuente de verdadera transformación en la vida de cada discípulo.

La palabra clave y novedosa en esta declaración de misión es "sumándonos". Observamos que muchas declaraciones de visión y misión, lo que hacen es marcar una línea entre lo que hacemos nosotros y lo que hacen ellos. Algunas de ellas son muy exclusivas, y solo dejan lugar para participar a organismos, comunidades iglesias, etc., que piensen como ellos, que sean afines. Tal vez incluso pudiéramos responsabilizar a estas declaraciones de visión y misión por el poco interés que las iglesias cristianas tienen de colaborar unas con otras. Es como si no pudieran trabajar juntas porque tienen "visiones diferentes". En nuestro caso, decidimos emplear la palabra "sumándonos" para reconocer que Dios ya ha estado extendiendo su Reino en la ciudad donde estamos plantando desde mucho tiempo antes de que nosotros llegáramos. Entendemos, por tanto, que no llegamos primero ni tampoco somos los únicos. "Sumándonos" implica que deliberadamente dejamos un eslabón abierto para colocarlo al lado de aquellos que también están trabajando para extender el Reino de Dios, ya sea desde el gobierno, el sistema educativo, las organizaciones sin fines de lucro, las iglesias locales, o desde cualquier otro lugar.

Me gusta mucho la imagen con la que una misionera en Tailandia ilustró lo que un cambio de mentalidad hizo por ella en el campo

misionero: "El reportar números de convertidos, de bautizados, y el tener que cumplir con las expectativas mensuales de la organización a la que pertenezco, eran un sufrimiento para mí. No me dejaba disfrutar, ni aun ver la obra de Dios, por tener la presión nada saludable de producir resultados. Sigo sirviendo como misionera en Tailandia pero ahora por mi cuenta, sumándome a lo que Dios está haciendo. Es como si mi papá un sábado me preparara el desayuno y me invitara a ayudarle a cocinar. Él ha comprado los ingredientes, él tiene el menú, y él está a cargo de la receta, así como del procedimiento. Yo solo le ayudo en lo que me pide mientras disfruto cada minuto de su presencia."
Jesús dijo:

> "Si alguien desea seguirme, niéguese a sí mismo, tome su cruz y sígame. Porque el que trate de vivir para sí, perderá la vida; pero el que pierda la vida por mi causa, la hallará. ¿De qué les sirve ganarse el mundo entero y perder la vida eterna? ¿Habrá algún valor terrenal que compense la pérdida del alma?". (Mateo 16:24-26)

Hoy vivo con las maletas hechas, listo para sumarme a lo que Dios esté haciendo, dondequiera que lo esté haciendo. El proceso de perderlo todo para ganar a Cristo no ha sido fácil, pero por medio de este proceso el Señor está transformándome en el discípulo que siempre he querido ser. Administrador, no dueño. Siervo, no esclavo.

Hoy veo el mundo con esperanza. El Reino de Dios se ha acercado; está entre nosotros. Nosotros debemos proclamarlo, anunciarlo y modelarlo.

Mi mente y mi corazón están con los niños de las áreas vulnerables; oro por los campesinos olvidados de nuestro país; deseo servir mesas para las personas indigentes que llegan a ellas hambrientas;

anhelo la construcción de un refugio digno para los inmigrantes y sus familias.

Estos son ahora mis sueños, y me faltarían sin duda tiempo, fuerzas y recursos para cumplirlos... si quisiera hacerlo solo. Pero justamente el trabajo del plantador consiste en hacer discípulos que aprendan, practiquen y enseñen a otros cómo cumplir la misión cristiana. Si quisiera hacerlo solo, no podría. Pero, ¿quién dijo que tengo que hacerlo solo?

PREGUNTAS PARA LA REFLEXIÓN

1.- ¿He intentado escribir mi historia alguna vez? ¿Cuáles son en ella los patrones, las constantes?

2.- ¿Cómo describiría mi caminar con Cristo? ¿Cada vez más fácil, cada vez más difícil, siempre igual...?

3.- ¿He renunciado alguna vez a algo que me impedía seguir, obedecer, o servir a Jesús con mayor libertad? ¿A qué?

4.- ¿Tiene mi organización o comunidad una declaración de misión? ¿Es una declaración "cerrada", o es una que nos permite unirnos a otros en el trabajo que Dios ya está realizando?

5.- ¿Cuál es mi punto de vista acerca de la pobreza en el mundo? ¿Tiene remedio? ¿Debería tener remedio? ¿Somos los cristianos parte de la solución? ¿Deberíamos serlo?

6.- De todos los problemas que veo hoy en el mundo, ¿cuáles son los que más me "duelen", o los que más tocan mi corazón?

7.- ¿Hay algún área o aspecto de mi vida en el que sienta que "fui hecho para más"? ¿Cuál?

8.- ¿Estaría listo para dejar lo que fuera necesario, a fin de sumarme a lo que Dios esté haciendo en otra parte, si Él me lo pide?

HISTORIAS

TESTIMONIO DE ESTEBAN GRASMAN

La historia de la Iglesia Ancla comenzó unos diez años antes de haberse celebrado la primera reunión, sin tener aún ni siquiera un solo miembro, y sin haberse cantado una sola canción en comunidad. Comenzó cuando nació el sueño de plantar una iglesia llena de vida en la frontera entre Tijuana y San Diego. Ya en el año 2009, Dios había sembrado en nuestros corazones una semilla, un anhelo y una expectativa por iniciar este proyecto. Esa semilla fue creciendo, y si bien aún vivíamos en Hermosillo, estábamos convencidos de que en un par de años sería otra la ciudad a la cual podríamos llamar casa. Sin embargo, nada funcionó tal cual lo pensábamos y, como decimos en el mundo evangélico, "ninguna puerta se abrió".

Recién en el año 2015 todo comenzó a acomodarse, y entonces sí las puertas se abrieron. Mirando hacia atrás, puedo reconocer que fue por la gracia de Dios que no comenzamos en el 2011, ya que todavía no teníamos una idea clara de qué clase de iglesia queríamos ser. No habíamos alcanzado a definir con precisión lo que ardía en nuestro corazón. Solo estábamos seguros de la clase de iglesia que no queríamos ser, pero no resulta muy inspirador promover un proyecto en base a lo que uno no quiere.

En junio de 2015 contratamos un equipo de mudanzas y conducimos durante 12 horas desde El Paso, Texas, hasta Tijuana, Baja California. Nos mudamos desde los Estados Unidos a México. Pasamos de ser pastores de jóvenes bajo el liderazgo de Chris Richards en la gran iglesia Vino Nuevo, a no tener ni siquiera una silla a nuestro nombre, viviendo en una nueva ciudad donde el GPS no es demasiado confiable.

La pregunta que nos hacen con mayor frecuencia es: ¿por qué Tijuana? Mi respuesta favorita es: "¡Por los tacos!", lo cual no es del todo una mentira. En realidad, resulta casi imposible explicar la atracción por determinada ciudad que Dios genera dentro de uno. No hay palabras que puedan describir por qué de pronto el nombre de una ciudad en particular arde en tu corazón. Pero sí sabíamos un par de cosas: Primero, dado que crecimos en el norte de México, esa región del país nos resultaba familiar. Segundo, al haber vivido durante un tiempo en la zona de frontera, entendíamos la dinámica de la vida en ese lugar. Y tercero, podríamos agregar que, pues... por los tacos.

Para participar en la plantación de la Iglesia Ancla llegaron a Tijuana junto con nosotros otras 17 personas. Quienes piensen o sueñen con la idea de plantar algún día una iglesia deben estar preparados para hacer ofertas ridículas y no tener miedo de pedirles a las personas que se comprometan. La oferta que les hicimos a estas personas fue, textualmente: "Los invitamos a Tijuana. Les ofrecemos mucho trabajo, sin remuneración, y sin una promesa de posición, pero con la oportunidad de cambiar el mundo". Invitamos de este modo a 20 personas, y 17 dijeron que sí. Luego, varios más llegaron sin invitación. Y así comenzó todo: con un sueño atesorado durante varios años, una invitación ridícula, y mucha fe.

Creo que Dios utiliza esa fe ingenua. Esa fe que empleamos para hablar sin tener conciencia de la dimensión de aquello que afirmamos. Seguramente, si conociéramos el desenlace, no haríamos ni siquiera la mitad de las cosas que hacemos. La fe ingenua es la que nos mueve a dar pasos hacia adelante.

Fue con esa clase de fe ingenua que armamos el equipo y definimos la cultura que deseábamos transmitir y el lenguaje que usaríamos para hacerlo. Así establecimos el plan de lanzamiento. Nuestro gran plan. Por cierto, lo que hacíamos iba en contra de todo lo que recomendaban los libros. Comenzamos en julio, el peor mes para lanzar una iglesia. Y lo hicimos después de tan solo seis semanas de haber llegado a la ciudad, con un grupo de alabanza prestado, y en el auditorio de una universidad pública.

Nos preparamos, tanto en promoción como en equipo de voluntarios y en oración, para recibir a 200 personas. Diez minutos antes de iniciar la primera reunión, aún no había llegado nadie. Al comenzar la alabanza, y estando yo sentado en la primera fila, confieso que me resistía a mirar hacia atrás para no enterarme de cuántas personas estaban presentes. De repente, llegaron muchos más que los que habíamos imaginado. Eran gente de todas las edades, ¡y tan distintos unos de otros! Fue en ese momento cuando recordamos la hermosa realidad: es Su Iglesia.

Durante el período inicial como nueva iglesia, nuestro mayor desafío fue mantenernos enfocados. El deseo de alcanzar a más personas y de encarar en poco tiempo demasiadas actividades puede conducir a un camino de mucho esfuerzo y pocos logros. Así es que, cuando cientos de opiniones y propuestas llegan a la mesa de trabajo, es fundamental definir a qué le diremos "sí" y, sobre todo, aprender a decir "no". Desde un principio, nosotros decidimos enfocarnos en lograr una experiencia de domingo inolvidable, y en desarrollar a nuestros voluntarios.

A los cuatro meses de haber comenzado con la Iglesia Ancla, tuvimos nuestros primeros bautismos. Ese día batimos el record de asistencia, con más de 500 personas reunidas y decenas de bautizados. Hasta hoy, ese es considerado uno de los mejores momentos en la historia de nuestra iglesia. Estábamos en la cima. En la cúspide. ¡Qué bueno es Dios! Cinco días después, un periodista redactó una nota del estilo "prensa amarilla" que fue publicada en un semanario de la ciudad. Recuerdo que era un viernes por la mañana cuando nos llamaron para avisarnos que ya no podríamos reunirnos en el auditorio de la universidad. Estábamos a dos días del domingo y no teníamos un lugar dónde reunirnos. Caímos de la cima al valle en un instante. Pero la Iglesia de Cristo es así... y en medio de la adversidad es cuando más brilla.

Aun los desafíos representan oportunidades cuando tenemos claro hacia dónde vamos, y los peores ataques del enemigo se convierten en la mejor herramienta que Dios puede usar. En nuestro caso, este desafío nos obligó a mudarnos a una nueva ubicación. Encontramos un mejor lugar, y al cabo de una semana tuvimos que agregar una segunda reunión. A veces la adversidad es lo que hace que la fe crezca.

A los nueve meses de haber comenzado, llegamos a tener 1.000 asistentes en las reuniones dominicales. Habíamos pensado que al llegar a ese número todo iba a ser más fácil, pero, ¡vaya fantasía! Pasamos de pocos problemas a muchos problemas. De poco movimiento a mucho movimiento. Nuestra emoción por llegar a las 1.000 personas nos llevó a tomar decisiones demasiado apresuradas. Con tan solo nueve meses de existencia decidimos iniciar una segunda ubicación. Sin haber llegado a estar plenamente fortalecidos en la primera, de un momento a otro teníamos dos ubicaciones a las cuales atender. A veces hay una línea muy delgada entre la fe y la necedad...

El Pastor Robert Barriger siempre dice: "Lento, para llegar más lejos". Nosotros aprendimos eso de la manera más difícil posible. El "momentum" que vivíamos nos impulsó a tomar decisiones precipitadas. Y es que el "momentum" es bueno como aliado, pero es muy malo como líder. Es por ello que siempre debería estar al servicio de la causa, y no a la inversa.

Sin embargo, el Señor es misericordioso. A pesar de nuestros errores, y de no haber cuidado adecuadamente a muchos de nuestros voluntarios, la nueva ubicación se consolidó hasta llegar a convertirse en la segunda iglesia dentro de nuestra organización. Al fin de cuentas, la Iglesia sigue siendo Su Iglesia.

Más adelante nos extendimos a cuatro ubicaciones. En el camino tomamos buenas y malas decisiones. Con dolor debo reconocer que perdimos algunas personas y también lastimamos a otras. Vivimos experiencias de gran emoción y otras de gran frustración. Y aún hoy podemos decir que seguimos siendo una obra en construcción. Nunca se deja de aprender. Nunca se deja de crecer. Siempre hay más para hacer y nuevas metas que alcanzar.

Plantar la Iglesia Ancla ha sido la aventura más emocionante y al mismo tiempo la más aterradora que hemos vivido. Aprendimos a predicar fe aun teniendo miles de dudas. Aprendimos a convivir con la paz que sobrepasa todo entendimiento, y también pasamos noches enteras sin poder dormir.

Hemos crecido. Hemos madurado. Hoy nuestra fe es menos ingenua que la de hace algunos años. Pero sigue siendo la clase de fe que cree que lo mejor está por venir.

TESTIMONIO DE ROBERT BARRIGER

El Pastor Chris Hodges de la mega iglesia *Church of the Highlands* suele decir: "Nuestros comienzos fueron más oportunistas que estratégicos". Así, nosotros tampoco comenzamos con la idea de plantar una iglesia, pero desde el principio la oportunidad estuvo allí. En Perú había una necesidad que no estaba siendo cubierta por otras iglesias: la de alcanzar a los jóvenes de una nación en efervescencia. Cuando se trata de plantar una iglesia, suelo decir que si algo nos pica debemos rascarlo. Por ese entonces, nuestra picazón era el estado de la juventud en Perú y nuestro deseo de cambiarla De modo que nos propusimos rascar esa picazón.

Yo fui salvo en uno de los grandes movimientos de la década de los '70 en los Estados Unidos llamado "the Jesus movement" ("el movimiento de Jesús"), el cual en su momento atrajo a muchos jóvenes hippies a las iglesias. Muchos años más tarde, cuando observé la falta de jóvenes en las iglesias de Perú, comencé a pensar que podíamos generar o promover, en este país, un mover de Jesús similar a lo que había sido aquél.

Al principio me acerqué a varias iglesias diciéndoles: "¿Puedo ayudarte a levantar un grupo de jóvenes?". Todas me respondían que eso no funcionaría en Perú. Me decían: "Nosotros somos diferentes. Aquí en Perú los jóvenes son distintos a los de otros países". Finalmente me cansé de escuchar que eso no funcionaría en Perú, y sentí en mi corazón la voz suave del Espíritu Santo diciéndome: "Muéstrales".

Comenzamos intentando alcanzar a los jóvenes a través de la música rock, con la idea de que se sintieran aceptados tal como eran. No importaban los códigos de vestimenta para venir a nuestras reuniones, así que simplemente venían. Dos cosas comenzaron a suceder en ese momento: Primero, tuvimos un programa de radio en una emisora local de música que nos daba una hora diaria para poner música de rock cristiana. Naturalmente, a las iglesias evangélicas no les gustó nuestro programa. Pero yo me consolaba pensando que, una vez que comenzáramos a mandar jóvenes a sus iglesias, su opinión cambiaría y entenderían.

Intentamos, así, ubicar a los jóvenes que íbamos captando en distintas iglesias ya establecidas. Pero muchos empezaron a volver a nosotros diciendo: "Allá es diferente; no puedo ir allá". Fue entonces cuando me di cuenta de que "así como los ganas, es como los mantienes". ¡No podíamos ganarlos con determinado estilo de música o de vestimenta, y mantenerlos en una iglesia que no compartía esos criterios! Así fue como comenzamos Camino de Vida.

Ahora bien, me gustaría transmitirte algunos conceptos acerca de la plantación de iglesias que he aprendido de algunos de mis mentores. Uno de ellos fue Edwin Louis Cole, quién me enseñó el principio de entrar y salir. En pocas palabras: "así como sales de una temporada en la vida es como entras a la siguiente", y "así como sales de una iglesia es como entras a la siguiente". A pesar de que a muchas de las iglesias en Perú no les gustaba la música que usábamos para alcanzar a los jóvenes, nosotros hicimos todo lo que pudimos para irnos bien y así poder entrar bien a plantar la nueva iglesia. Si alguien se va de su iglesia hablando mal de ella, es muy probable que, oportunamente, también hable mal de la nuestra. En cuanto a plantar iglesias, la clave es salir bien, o lo mejor que se pueda, para entonces entrar bien a la siguiente temporada.

Cuando nuestra iglesia comenzó a crecer, también adoptamos un concepto que escuchamos de Billy Graham, quien aconsejaba: "Cuando te critiquen, tú no les devuelvas esas críticas". A nosotros nos gusta resumirlo en la siguiente frase: "No ataco y no me defiendo". Así, cuando otros criticaban los inicios de nuestra iglesia, nosotros deliberadamente nos asegurábamos de que la crítica fuera unidireccional.

Algo más que he aprendido de otro mentor, Charles Green, y que me gustaría compartirte aquí, tiene que ver con los cinco puntos clave para iniciar una iglesia saludable. Antes de pasar a analizar estos cinco puntos, debemos recordar que la Iglesia es el cuerpo de Cristo y que, como leemos en 1 Corintios 12:20-22, debe ser estructurada correctamente para obtener congregaciones saludables. Al comparar el cuerpo de Cristo con el cuerpo humano, vemos que una iglesia saludable debe tener:

1. UNA CONCEPCIÓN SALUDABLE

Una iglesia concebida correctamente debe haber sido puesta en el corazón del hombre por el Espíritu Santo, así como el Espíritu Santo vino a María para concebir a Jesús. En el caso de nuestra iglesia, el Espíritu Santo puso en mi corazón un hambre por alcanzar a los jóvenes de esta nación. Una concepción saludable dada por el Espíritu Santo es el modelo que siempre deberíamos seguir. Para explicarlo mejor, la concepción de una iglesia no debe ser un acto de rebeldía o el fruto de una ambición personal de liderazgo, ni debe surgir de la división de una iglesia o por el impulso de una persona o grupo de abandonar una congregación. Recordemos una vez más que, así como se sale de un lugar, es como se entra a otro. Una concepción adecuada implica que Dios le ha revelado a una persona su propósito de abrir una nueva iglesia en determinado lugar.

2. UN NACIMIENTO APROPIADO

Muchos de los problemas que arrastran las iglesias suelen ser consecuencia de un nacimiento inapropiado. Como dice Jesús: "Lo que es nacido de la carne, carne es; y lo que es nacido del Espíritu, espíritu es" (Juan 3:6, RVR60).

Un nacimiento apropiado debe venir del Espíritu, y no puede centrarse en lo carnal. Una iglesia nueva no debe nacer para competir con otras iglesias ni para construir una plataforma de prestigio personal. Una iglesia nueva, como cualquier iglesia, debe tener un solo propósito: traer a las personas a una relación más profunda con Cristo.

3. UNA NUTRICIÓN ADECUADA

Para que una iglesia sea saludable, al igual que un niño que está creciendo, necesita una alimentación apropiada. La nutrición adecuada para una iglesia la provee el discipulado a través de la Palabra de Dios. Varias veces en la Biblia se nos habla de la necesidad de líderes que alimenten a su rebaño, y se lamenta por aquellos que descuidan a las ovejas. Una alimentación adecuada es clave para una iglesia saludable.

4. UN ENTRENAMIENTO APROPIADO

El equivalente a lo que sería la educación de un niño, es lo que en la iglesia llamamos "discipulado". Recordemos que en la gran comisión, Jesús nos manda a hacer discípulos, no simplemente nuevos conversos. La salud de la iglesia Camino de Vida se basa en nuestro proceso de discipulado. Lo llamamos "Crecer", y es la pista de entrenamiento para profundizar más en el caminar con Cristo, y así poder cumplir con los cuatro propósitos que mencionamos en el punto 2.

La Biblia dice que Dios le dio dones a la Iglesia, que incluyen a los pastores y maestros, así como a los profetas, apóstoles y evangelistas. Todos estos dones o regalos nos fueron dados para que podamos edificar al cuerpo de Cristo para la obra del ministerio. Por lo tanto, este es el camino saludable hacia la madurez y el crecimiento.

"Pues bien, el que descendió, luego regresó a lo más alto de los cielos para poder llenarlo todo. Y a algunos les dio el don de ser apóstoles; a otros, el don de ser profetas; a otros, el de anunciar las buenas nuevas; y a otros, el don de pastorear y educar al pueblo de Dios. Su propósito es que su pueblo esté perfectamente capacitado para servir a los demás, y para ayudar al cuerpo de Cristo a crecer". (Efesios 4:10-12)

5. UNA ADECUADA DISCIPLINA Y AMOR

Si somos el cuerpo de Cristo, como todo padre que se encuentre criando niños lo sabe bien, necesitaremos disciplina y amor para crecer de una manera saludable. Esto implica un cuidadoso equilibrio en la forma en que conducimos nuestra iglesia día tras día. En Camino de Vida utilizamos cursos bíblicos y cursos prácticos, tales como capacitación familiar, y nuestro proceso de discipulado se realiza a través de grupos pequeños, donde las personas pueden ser entrenadas y a la vez encontrar amigos. Es importante mantenernos siempre enfocados en nuestra visión mientras guiamos a las personas en un saludable crecimiento de su relación con Cristo.

Un último concepto que quiero compartirte antes de terminar estas líneas, es que nosotros decimos que hay 4 razones por las cuales existe la iglesia:

a. Para que las personas conozcan a Dios

No importa dónde estemos en nuestra relación con Dios, siempre necesitamos conocerlo más y más. La iglesia existe para que las personas puedan conocer a Dios cada vez más.

b. Para que las personas encuentren libertad

Todos tenemos hábitos que nos hacen daño o que dañan a las personas que nos rodean. En la iglesia local encontramos los recursos para romper con esos hábitos y poder ser libres.

c. Para que las personas encuentren su propósito

Cada persona nació con un propósito, nunca por accidente o por error. Solo podemos descubrir para qué fuimos creados si vivimos en una relación cercana con nuestro Creador

d. Para que las personas puedan hacer una diferencia en este mundo

Los cristianos somos llamados a ser sal y luz. La iglesia es el lugar que puede capacitarnos y catapultarnos hacia el cumplimiento de esta misión.

TESTIMONIO DE JUAN MEJÍAS

Antes que nada, me gustaría agradecer a mis pastores Brian y Bobbie Houston por la confianza depositada en nosotros para edificar la iglesia Hillsong en España. Sin un liderazgo como el suyo, hoy no sería la persona que soy. Estaremos por siempre agradecidos a Dios por haber puesto gigantes de la fe a nuestro lado para liderarnos.

La que voy a compartir contigo es la historia de algo que muchos creyeron imposible. Es la historia de cómo mi esposa y yo plantamos nuestra iglesia en España.

Esta casa no es perfecta ni tampoco es la única que está revolucionando el ambiente espiritual de nuestra ancestral nación. Hay cientos de líderes al frente de iglesias locales increíbles, dándolo todo para ver una nueva España, viva y llena de salvación. Pero quiero contarte esta historia porque para nosotros es una historia preciosa que habla de la fidelidad de Dios y de la fuerza y resiliencia de la Iglesia de Jesucristo. Así que, si estás leyendo estos párrafos, mi oración es que a través de la lectura seas inspirado y desafiado a seguir soñando y viviendo en grande en lo que a la plantación de nuevas iglesias se refiere. Que hoy puedas recordar que sobre la Iglesia de Cristo hay promesas de crecimiento y avance, independientemente de la nación, cultura, contexto y realidad en la que te encuentres, pues no hay puerta, ni las del mismísimo infierno, que pueda prevalecer en su contra.

A finales del 2011, mi esposa Damsy y yo regresamos a España después de haber estado varios años estudiando en la Escuela de Liderazgo de la iglesia Hillsong en Sydney, Australia. Ambos teníamos 23 años por ese entonces, y volvíamos llenos de pasión e ilusión a nuestra tierra, pero sin ningún plan ni idea de cómo Dios nos iba a utilizar en esta nueva etapa.

Durante nuestro tiempo en Australia habíamos tomado la decisión de hacer de la iglesia Hillsong nuestra iglesia local, así que una vez instalados en Barcelona, queriendo estar bajo un liderazgo fuerte y una dirección clara, empezamos a volar de Barcelona a Londres cada dos fines de semana para asistir y servir en Hillsong Londres. ¡Cada vez que íbamos nos encantaba! Nos sentíamos como en casa, en un ambiente lleno de fe y de vida. Pero después de hacer esos viajes durante varios meses, Gary Clarke, pastor de Hillsong Londres, nos lanzó una frase que jamás olvidaré. Él nos dijo: "La Iglesia está diseñada para cambiar su entorno, y ustedes, viniendo aquí, disfrutan mucho, pero no están cambiando su ciudad". Entonces comprendí que no debemos pensar en la iglesia como un oasis al que escapar en medio de nuestra rutina agitada, sino como un medio para ser agentes de cambio. Como un instrumento de Dios para impactar esas realidades difíciles, y transformar cualquier contexto en un lugar de vida, esperanza y amor.

Fue así como Gary nos animó a abrir un grupo de conexión en Barcelona. Sin saberlo, estábamos empezando la que sería la aventura más grande de nuestras vidas.

Comenzamos con seis personas en una cafetería, abriendo la Biblia y hablando acerca de Jesús y de su Iglesia, creando un ambiente de aceptación, y pintando la visión con nuestras palabras. Hablábamos de lo que estaba por llegar. Algunos se reían, otros nos tachaban de ingenuos, pero muchos permanecieron fieles y así, sin darnos cuenta, cada semana había más y más personas recibiendo a Jesús en aquella cafetería. No había música ni luces especiales. No había teatros céntricos ni superproducciones. No había ninguno de los factores que muchos creen que son "el secreto del crecimiento". Ni siquiera teníamos un nombre para nuestra iglesia. Pero lo que sí había era amor genuino. Las personas podían venir tal cual eran, y, en lugar de ser juzgadas o señaladas, eran abrazadas, comprendidas y amadas.

Nunca se me olvidará cómo en aquella cafetería pude ver con mis propios ojos cumplirse algo que nuestro pastor Brian Houston siempre dice: "Si te enfocas en que la iglesia crezca, no crecerá, pero si te enfocas en que la iglesia esté sana, crecerá; porque las cosas sanas crecen".

Lo que determina que una iglesia esté sana o no, no es si se parece a la última iglesia de moda, si tiene muchos seguidores en sus redes sociales, o si sus reuniones están siempre llenas. Lo que determina la salud de una iglesia es lo que leemos en Hechos 2: una iglesia que se fundamenta en las enseñanzas de los apóstoles, una comunidad genuina, una fe salvaje, y una relevancia para la comunidad que la rodea.

Han pasado 6 años desde aquel pequeño comienzo. Hoy tenemos iglesias en Barcelona y Madrid, con siete reuniones cada domingo, cientos de grupos de conexión, y miles de personas que han recibido a Cristo. Hemos visto los edificios más emblemáticos de

Barcelona resonar con las alabanzas de la iglesia, desde teatros hasta catedrales, desde parques hasta clubs de fiesta. Ha habido muchos cambios durante estos años, pero una cosa sigue igual que el primer día: La iglesia siempre se tratará de Jesús y de su amor eterno por las personas.

Si pudiera resumir las lecciones aprendidas en todo este proceso, sin duda hablaría acerca de la visión. En Proverbios 29:18 se nos enseña que donde no hay visión el pueblo perece. Por el contrario, donde hay visión el pueblo vive y prospera. Como líderes, es esencial que sepamos cual es la visión de Dios para la iglesia local que estamos liderando, y que aprendamos a comunicarla de formas distintas, creativas y relevantes a las diferentes generaciones que forman la congregación. Si la gente comprende la visión, no dudarán en levantar su mano para servir e incluso para caminar la milla extra. No dudarán en contribuir financiera y espiritualmente al avance de la visión, y no dudarán en traer a sus amigos y familia para que ellos también puedan experimentar lo que Dios está haciendo y hará.

También hablaría acerca de la iglesia como familia. La iglesia fue diseñada para ser una casa, y no un evento de domingo. Cuando estás en casa puedes ser tú mismo; puedes andar en pijama sin miedo a ser rechazado o juzgado, ¡y así también debe ser la iglesia! Es obvio que no vamos a ir todos en pijama físicamente, pero espiritualmente hablando, la gente debe sentirse libre de mostrar su realidad sin miedo a ser rechazada por ella. La frase que está en las puertas de las iglesias Hillsong por todo el mundo, "Bienvenido a casa", es mucho más que un eslogan atractivo. Es una cultura, es un estilo de vida. Es una forma de mirar a las personas viéndolas como Dios las ve: necesitadas de amor y llenas de potencial.

Nosotros lo expresamos diciéndole a la gente: "¡Ven tal como eres! Ven con tus errores y fracasos, ¡no te preocupes! Dios te ama tanto y su mensaje es tan poderoso, que Él no te dejará de esa forma sino que empezará en ti una obra de restauración completa".

Para terminar mencionando tan solo una más de las muchas otras cosas que podría elegir, hablaría de la excelencia. Tristemente, en nuestra cultura hispana he visto muchas veces cómo la sociedad les ofrece todo a las personas de una forma excelente, mientras que la iglesia naufraga en el mar de la mediocridad. Esto no debería ser así. Todo cuanto hacemos habla acerca de quiénes somos y en quién creemos. Y Dios es un Dios de excelencia. Basta con mirar la creación para darse cuenta de ello. Es por eso que en nuestra iglesia, todo lo que hacemos lo hacemos buscando la excelencia. Pero cuidado, que excelencia no es perfección. Esta última es inalcanzable, y si la persigues te atrapa en un estado de frustración constante. En cambio, excelencia significa hacer las cosas lo mejor que puedes y un poquito más, dejando así espacio a Dios para que llegue hasta donde nosotros no podemos. Además, a medida que avanzas, tu nivel de excelencia aumenta, porque tus recursos, ideas y capacidades también lo hacen. De esta forma, en nuestra iglesia reflejamos el corazón excelente de Dios, y a la vez depositamos valor en las personas haciéndoles ver que alguien está yendo millas extra por ellos.

Y así podría seguir, escribiendo hojas y hojas acerca de esta hermosa aventura de edificar la iglesia Hillsong en España, pero terminaré simplemente diciendo que, aun después de todos estos años, estoy convencido de que no hemos visto más que el principio de todo lo que Dios tiene preparado para este país. Creo de todo corazón que veremos una Iglesia fuerte y viva levantarse en España. Creo que mis hijos vivirán en un país distinto al que me vio crecer a mí, y que sus libros de historia hablarán de una revolución de vida que sucedió a principios del siglo XXI, porque la promesa es clara: la Iglesia de Cristo es imparable.

Seas quien seas, y estés donde estés leyendo estas líneas, recibe ánimo en el nombre de Jesús, y continúa firme disfrutando del privilegio y el regalo que es poder contribuir a edificar Su Iglesia. No dejes que nadie te haga pensar que el lugar al que fuiste llamado es demasiado difícil como para que la Iglesia crezca. Si Dios lo está haciendo en España, a la que llamaban "el cementerio de los misioneros", Dios lo puede hacer en cualquier lugar.

Declara con valentía las promesas de Dios, arremángate, y ponte a servir. Él hará el resto.
Soli Deo Gloria.

TESTIMONIO DE EDGAR LIRA

DE NÚMEROS A HECHOS Y VICEVERSA

Yo había grabado mi primer álbum y estaba comprometido a ir a donde fuera que me invitaran a ministrar. Para ese entonces ya había terminado mi carrera de Ingeniería Mecánica, y mi esposa y yo recién nos habíamos mudado de Dallas, Texas, donde habíamos terminado dos años de estudios teológicos en Cristo Para las Naciones. Entre semana trabajaba en un hospital de San Diego como capturista de datos para poder pagar las cosas básicas de la vida, y los fines de semana salía a cantar a donde me invitaran. La idea de mudarnos a San Diego era poder generar una economía un tanto estable en los Estados Unidos como para ayudarnos a hacer ministerio del lado mexicano de la frontera. (Para los que tal vez no lo sepan, San Diego, en Estados Unidos, es frontera con Tijuana, en México).

Cierto día recibí una invitación de alguien que de alguna manera estaba queriendo hacer un "evento de alcance" o algo parecido, en el lado mexicano. Me dijo que había sacado un permiso de la ciudad para poner unos altoparlantes y predicar en la plaza principal de Tijuana, en el centro, y quería invitarme a cantar. Muy contento, acepte la invitación.

Recuerdo que tuve que pedir permiso en el trabajo, porque era un día entre semana. Manejé de San Diego a Tijuana. Estacione mi automóvil, y me dirigí hacia la plaza acompañado por mi guitarra. Había quedado en encontrarme con la persona que organizaba en determinado punto. Mientras caminaba hacia el lugar, iba tratando de imaginarme qué sería lo que encontraría al llegar.

Llegué, y el hombre me saludó. "¡Gracias por venir! ¡Este es un sueño que Dios me permite realizar!", me dijo, mostrándose muy emocionado. Luego me explicó que era un gran logro que le hubieran dado el permiso. Entonces me dijo: "¡Adelante!", señalándome a un solitario stand con un micrófono en medio de la plaza desierta. No había nada más. Yo intenté preguntarle: "¿Cómo...?", pero él entusiastamente me interrumpió: "¡Sí! ¡Conecte su guitarra al altoparlante, y ese es el micrófono! ¡Comience cuando usted quiera!".

Con cierto escepticismo fui, conecté la guitarra, y me acomodé el micrófono. Por las condiciones, pensé que en algún momento saldría alguien de alguna parte diciendo que era una broma de cámara escondida... pero no fue así.

El sol era abrasador. El altoparlante se escuchaba como el del vendedor de tamales oaxaqueños. No había plataforma. No había quien manejara el sonido. No había nada más que el micrófono, el altoparlante, y yo. De hecho, no había ni gente. El único público que tenía era un vendedor de globos, unas palomas buscando qué comer, y un borracho allá a lo lejos, totalmente despreocupado de la vida.

Toqué mis canciones. Las primeras y únicas que tenía en ese entonces. El vendedor de globos se puso de pie, como listo para ofrecer su producto si es que acaso alguien se acercaba a escuchar. Las palomas revoloteaban. Mientras tanto, el borrachito bailaba felizmente allá a lo lejos, abrazando al aire, como si mis canciones fueran boleros románticos.

Canté mis canciones. Hablé de Dios. Seguíamos siendo solo yo y mi guitarra. No había gente en el lugar por la hora del día, así que nadie se acercó. Nadie recibió a Cristo. Terminé. Guardé mi guitarra. La persona que había organizado (si es que eso puede llamarse "organizar") me agradeció con un: "¡Qué bendición, hermano!". Caminé hasta mi automóvil, y regresé a mi casa manejando.

Ahora bien, para mí había sido realmente un esfuerzo el ir a cantar a este lugar, sobre todo porque tuve que pedir el día en mi trabajo. No me malinterpretes. ¡Yo haría cualquier esfuerzo para alcanzar personas! Pero, mientras conducía mi automóvil, no pude evitar pensar: "¿Cuántas veces al año puedo hacer esto? ¿Cuáles son las expectativas? ¿Cuál es el resultado deseado?" Concluí que si cada fin de semana repetía lo mismo, nunca iba a llegar a ningún lugar, porque en realidad no había nadie que escuchara el mensaje de las canciones, ni nadie para ministrar.

Tenía que hacer algunos cambios en mi forma de organizar mi ministerio. Sobre todo en la manera de filtrar invitaciones. Me di cuenta de que mucho en un evento dependía de la visión del organizador. Debía ver qué tan organizados estaban aquellos que me invitaban, y pedir específicamente lo que necesitaba para hacer bien mi trabajo. Caso contrario, podría pasar mil años haciendo lo mismo, y siempre con los mismos resultados, que básicamente eran "cero gente".

"CON UNO QUE SE SALVE BASTA"

Hace poco más de 20 años que sucedió la historia que te acabo de relatar, cuando yo recién estaba comenzando a ministrar con la música. Eso fue antes de la banda, las giras y los conciertos. Después de haber hecho algunos cambios, no pasó mucho tiempo antes de que el ministerio de la música despegara. Viajamos a casi todos los países de América Latina dando conciertos para miles de personas. Pude haber sino ingenuo cuando iniciamos, pero nadie me había asesorado en cómo hacerlo. Sin embargo, supe aprender de esta experiencia que dejó una lección invaluable en mi vida.

A través de todos estos años me he dado cuenta de que esta frase es una constante en muchos eventos y congregaciones. Es como una filosofía doctrinal. Los organizadores y pastores repiten esta frase hasta con orgullo: "¡Con uno que se salve, basta!". Lo malo es que aquellos que han abrazado esta falsa idea se conforman con un resultado pequeño o nulo, ya que creen que esa es la voluntad de Dios.

Si te soy honesto, no encuentro el respaldo bíblico para esta filosofía doctrinal. De hecho, creo que juega en contra de aquellos que la han adoptado. Entiendo que esta idea es tomada de Lucas capítulo 15, donde Jesús cuenta la parábola de la oveja perdida y concluye diciendo:

> *"Les digo que lo mismo pasa en el cielo; hay más alegría por un pecador que se arrepiente que por noventa y nueve justos que no necesitan arrepentirse". (Lucas 15:7)*

La conclusión generalmente aceptada de este versículo es la que da origen a la conocida frase: "Con uno que se salve basta". Sin embargo, a mi juicio, esta interpretación del versículo no podría estar más alejada de la realidad.

Como contexto, el capítulo 15 de Lucas comienza diciendo que Jesús estaba enseñando a recaudadores de impuestos y pecadores. Debido a esto, los fariseos y los maestros de la ley (aquellos que se suponía deberían estar más cerca de Dios, aquellos que, de hecho, se sentían justificados por guardar todas las leyes, aquellos que no se sentían pecadores) comenzaron a murmurar contra Jesús.

Es entonces, dentro de ese contexto, que Jesús cuenta la parábola de la oveja perdida, y termina con este último versículo como cachetada con guante blanco. Lo que dice entrelíneas esta parábola es que Dios se alegra con los publicanos y pecadores que reconocen su necesidad de Él, más que con los fariseos y maestros de la ley que, siguiendo todas las reglas, se sienten justos sin necesidad de Dios. ¡Esa es la verdadera moraleja de la parábola! Como ves, en realidad, no tiene nada que ver con que "solo uno se salve".

DE NÚMEROS A HECHOS

"¡Es hora de que dejemos de vivir en el libro de Números y vivamos en el libro de Hechos!", gritó este pastor en medio de su predicación en un congreso muy grande al que asistí hace un tiempo. Y toda la gente aplaudió a esta propuesta como si los números fueran malos. Sin embargo, el libro de Hechos está lleno de números. En el capítulo uno versículo uno comienza diciendo que es el segundo libro. Jesús se apareció durante 40 días antes de ascender, y cuando lo hizo, dos hombres vestidos de blanco se les aparecieron. Eran 120 los que esperaban la promesa del Espíritu Santo. Escogieron de entre dos a uno para suplir a Judas y que ocupara su lugar entre los 12. Pedro predicó por primera vez públicamente y 3.000 personas se unieron a la iglesia ese día. Y podría seguir contando...

El punto es que los Números no están peleados con los Hechos. Es más, los números suelen ser los testigos silenciosos de los hechos verdaderos: Si no hay nada que contar (numéricamente), es que quizás no esté pasando nada.

LOS NÚMEROS NO SON MALOS

En mis primeros años de comenzar la iglesia hice un viaje a Los Ángeles, Estados Unidos, para visitar una de las iglesias más grandes de habla hispana de todo el estado de California. Ha crecido en alrededor de 4.000 personas en poco más de 15 años. Yo quería saber qué era lo que estaban haciendo bien. Para tener esa cantidad de gente en una iglesia de habla hispana en los Estados Unidos, cuando el promedio del tamaño de las iglesias hispanas en este país es de 75 personas, ¡algo debían estar haciendo bien!

Recuerdo que pasé el día con el Pastor. No solo me recibió, sino que abrió su corazón. Hablamos de todo. En algún momento me comentó que muchos pastores (al igual que yo) lo buscaban para ver qué estaba haciendo bien, pero que él notaba que la gran mayoría tenían un problema con los números. "¿Cómo es eso?", le pregunté. "Sí," me dijo, "es como si cuando habláramos de números los pastores lo vieran como algo malo. Es por eso que les cuesta crecer."

Yo entendí perfectamente lo que me quería decir. En mi experiencia con la música y haciendo conciertos, cuando alguien no toma en cuenta los números, siempre salen mal los eventos. A veces por "dejar todo en las manos de Dios", dejamos en las manos de Dios las responsabilidades que nos tocarían a nosotros, queriendo que "de milagro", sin hacer publicidad, ni tener estrategia, ni planeación, llegue la gente y se convierta.

El mundo de la iglesia, y en especial el trabajo de plantación de iglesias, no es diferente. Los números juegan un rol muy importante y hay que ponerles cuidado.

LOS NÚMEROS EN ORDEN

Si eres una persona que está por plantar una iglesia, o si acabas de comenzar (de hecho, esto vale para cualquier pastor en cualquier situación), una de las primeras cosas que te recomendaría sería que pusieras "tus números" en orden. Tener una claridad en ellos es vital.

Uno de los primeros números, y de los más importantes, es el que nace de la "visión". La escribo entre comillas porque honestamente creo que la palabra "visión" está demasiado sobreutilizada en los círculos cristianos de hoy en día. Y suelo escuchar que es usada a la ligera para tratar de describir algo que termina siendo abstracto y quizás hasta místico.

La palabra "visión" es usada en la Biblia para hablar de una "epifanía". Cuando en el Espíritu tienes una experiencia extrasensorial con Dios en la que puedes ver y escuchar cosas que con los ojos naturales no puedes ver, eso es una visión. En mi caminar con Dios he tenido algunas experiencias de estas.

Sin embargo, en el contexto de plantar iglesias, la palabra "visión" tiene que ver más con "el futuro deseado" que con otra cosa. Entonces, sin espiritualizar el término "visión", una pregunta honesta que debemos hacernos es: ¿Cuál es el futuro deseado al plantar esta iglesia? La respuesta a ello es a lo que nos referiremos al usar la palabra "visión" de aquí en adelante.

VISIÓN

La visión de la iglesia que estamos plantando o que deseamos plantar, tiene que incluir números que nos puedan ayudar a saber si nos estamos alejando o acercando al futuro deseado que nos hemos propuesto.

Por ejemplo, la visión de tu iglesia puede ser: "que el corazón de los hijos vuelva al de los padres". Es un deseo loable. Pero, en realidad, si esta fuera tu visión, tarde o temprano te encontrarías con que no hay manera de medir cuánto o en qué grado el corazón de un hijo se ha vuelto al de sus padres. De hecho, ¡la mayoría de las cuestiones espirituales no se pueden medir! No puedes medir el compromiso de alguien con Dios. No puedes medir el nivel de santidad de una persona. No puedes medir su nivel de espiritualidad. Todos estos son conceptos ambiguos, ya que se trata de procesos internos del ser humano. Y, como quizás ya sepas, alguien puede aparentar piedad sin tenerla. Alguien puede saberse la Biblia de memoria pero no poner en práctica sus principios. Alguien puede mostrarse muy comprometido con las actividades de la iglesia pero no haberle entregado a Dios la totalidad de las áreas de su vida.

Sin embargo, a pesar de que estos indicadores "internos" no se puedan medir, hay otros indicadores que sí podemos medir y que nos pueden decir muchas cosas. Si, por ejemplo, dentro de nuestro esquema de trabajo vemos que en lugar de tener tres familias que se restauraron en un lapso de uno o dos meses, tenemos diez, esto quiere decir que estamos cumpliendo con los objetivos que nos trazamos. No podemos ver "cuánto volvieron los hijos a los padres", pero sí podemos medir cuántas familias están siendo restauradas, y eso nos dirá si estamos siendo, o no, efectivos con nuestro plan. Es un número que nos indicará que nos estamos acercando a la meta.

LAS VEGAS, EL DESAFÍO

Cuando llegué a Central no existía nada en español. Central tenía cerca de 50 años desde que se había formado. Comenzó en Las Vegas, en un lugar de reuniones comunitarias donde la noche del sábado se juntaban a tener fiestas y tomar alcohol. Las 26 personas que comenzaron esta obra llegaban el domingo temprano para barrer la botellas y así tener un momento de iglesia. No tenían pastor, así que le pidieron a uno que viniera a ayudarles. Después de algunos cambios de pastor, cambios de liderazgo, y cambios de lugar, esta iglesia creció a cuatro mil personas en 40 años. En eso, hubo otro cambio de liderazgo. El pastor que estaba a cargo renunció para ir a trabajar a otro ministerio. Ahí fue donde llegaron Mike Bodine y Jud Wilhite. En siete años tuvieron un crecimiento acelerado. La iglesia creció de cuatro mil a doce mil personas. En ese momento fue cuando yo los conocí. (Al día de hoy, la iglesia sigue creciendo. Ocho años más tarde, ya somos más de veinte mil.) Pero volvamos unos años hacia atrás, al momento en que yo conocí a Mike y Jud. En ese punto, Dios les había hablado acerca de que tenían que abrir algo en español, pero... siendo lo gringos que eran, ellos no conocían nada de la cultura ni del mundo de habla hispana. Yo, por mi parte, estaba viendo cómo hacer para abrir en la Ciudad de México una iglesia como Central. Ya había ido varias veces a Las Vegas y realmente pensaba que algo así podría funcionar.

En un nuevo viaje que hice a Las Vegas, tuve la oportunidad de ir a desayunar con ellos dos y sus respectivas esposas. ¡Era increíble la alineación de ideas, y la coincidencia en cómo veíamos a Dios y a la Iglesia! Luego de este encuentro, yo seguía con la idea de abrir algo similar a Central en la Ciudad de México. Solo estaba viendo cómo podría hacerlo...

Después de dos viajes más, en una reunión con estos pastores en la que estábamos mi esposa Mardia y yo, nos ofrecieron mudarnos a Las Vegas a comenzar un modelo de iglesia en español que fuera reproducible. Cuando tuviéramos el modelo listo, entonces me podría regresar a México y aplicarlo. La visión global de Central era abrir iglesias por todos lados, incluyendo América Latina. Pero no tenían nada en español. El reto era armarlo y construirlo, para luego replicarlo en otras ciudades.

Por nuestro lado, Dios ya nos había hablado a mi esposa y a mí acerca de que Dios nos iba a abrir una puerta, y que pasaríamos por ella. En ese momento, Dios fue claro en que Central era de lo que nos había estado hablando. Me pareció una oportunidad increíble, porque yo realmente quería aprender lo más que pudiera. Sentí que ahora tendría la oportunidad de aprender de primera mano con algunos de los líderes más influyentes de la iglesia en los Estados Unidos. Y así ha sido.

Así que de repente, siendo mexicano, me vi a mí mismo como misionero en otra tierra que no era la mía. Tuve que hacer pausa en los planes de abrir una iglesia en Ciudad de México con el fin de absorber lo más posible de esta increíble manera de hacer iglesia en Las Vegas. El sueño y el deseo de hacerlo siguen más vivos que nunca. Pero no me imaginé el desafío que sería el tratar de empezar algo desde cero en una tierra extraña.

UNA VISIÓN SIMPLE

Las palabras tienen la capacidad de dibujar ideas en la mente de quien las escucha. Piensa que cuando les hablas a las personas de tu visión, tiene que provocarle el mismo efecto a cualquiera que te escuche: que lo puedan ver con los ojos de su imaginación. Para eso, yo te recomiendo que busques ser lo más simple posible.

Central tiene la visión de plantar iglesias que sean para el que no iría a una iglesia tradicional. Es una visión muy amplia, la cual comparto plenamente. Y la visión es global. Es por eso que tenemos, por ejemplo, una iglesia que se reúne en el bar más grande de los Estados Unidos en un lugar llamado Florabama (en la línea divisoria entre Florida y Alabama). El bar no ha dejado de ser un bar. De hecho, es un bar de esos que están abiertos las 24 horas. Pero el domingo en la mañana, mientras un grupo de clientes regulares sigue tomando, el pastor de esa congregación, Dan Stone, dirige varias reuniones que son transmitidas en todas las televisiones del bar de tres pisos y por los altoparlantes. En la actualidad es una de nuestras iglesias con más rápido crecimiento. Al escribir esto, están llegando cerca de 1800 personas cada domingo en múltiples servicios. Los problemas ahí son distintos a los de una iglesia regular. Son de multiplicación, organización y logística. Hay cerca de 200 personas cada domingo que se tienen que regresar a sus casas al no encontrar estacionamiento. ¡Pero las historias de personas que solo iban a beber alcohol y que se encontraron con Jesús allí son increíbles! Es realmente muy inspirador para todos los que estamos cerca.

Pero esta visión global de "plantar iglesias para el que no iría a la iglesia" puede vincularse con un número: el número de iglesias que hemos plantado y que podemos plantar. Hasta ahora son 12, incluyéndonos a nosotros y una en Australia. Es un número que se puede medir.

La parte de nuestra visión que me toca dirigir a mí es la de plantar iglesias por todo el mundo de habla hispana con la misma idea: iglesias para el que no iría a la iglesia. Desde que empecé a trabajar en Central esta fue la visión, pero me tocó comenzar con un grupo de 40 personas de habla hispana que ya se reunían en Central. Y la realidad es que cuando comencé, varias personas nuevas comenzaron a llegar, pero la mayoría de esos 40, si no es que todos, se fueron. Podría haberme desanimado pensando: "¿Cómo puede uno imaginar el plantar iglesias por toda Latinoamérica si no tiene ni siquiera una?". Pero yo sabía que ese era solo el comienzo.

A pesar de que entiendo y comparto la visión, y es eso por lo que hemos estado trabajando en estos años, en determinado momento me di cuenta de que la gente que yo estaba alcanzando aquí en Las Vegas no podía ver con los ojos de su imaginación que pudiéramos abrir otras iglesias en otras partes del mundo. Para la mayoría de estas personas, nosotros éramos su primer contacto con el cristianismo. Aún estaban tratando de conocer a Dios y de desenredar sus vidas por decisiones del pasado. Simplemente no lo podían ver. Era una idea muy lejana para ellos. Entonces me di cuenta de que la visión global de Central no resonaba en sus corazones. La visión resultaba tan lejana y difícil de imaginar, que era como no tener ninguna.

Por lo tanto, tuvimos que redefinir nuestras metas y darle una revisada a la manera en que hablábamos sobre el futuro prometido. Decidimos crear una visión local que la gente de la iglesia local en Las Vegas sí pudiera ver, sin hacer de lado la visión global. De hecho, toda visión puede encajar en una visión mayor.

Después de redefinirla, nuestra visión se convirtió en algo muy sencillo: "queremos alcanzar para Cristo a la mayor cantidad posible de personas en Las Vegas".

Quizás puedas pensar que eso es lo que hacen todas las iglesias, pero créeme que muchas iglesias no tienen tanta claridad en lo que están haciendo. En una ocasión le escuché decir al Pastor Chris Hodges de ARC (una organización que se dedica a plantar iglesias) que uno de los problemas más frecuentes en las iglesias es que los diferentes departamentos y ministerios de una iglesia local, puede que tengan una muy buena visión, ¡pero puede no ser la misma! El resultado es que cada quien camina hacia donde cree que debe de ir, sin llegar a ningún lado. Lamentablemente, creo que esto pasa muy seguido.

"Alcanzar para Cristo a la mayor cantidad posible de personas en Las Vegas" es una visión que nos arroja un número. Por ejemplo, si tengo 50 personas, puedo preguntarle a mi gente: "¿Es esta la mayor cantidad de personas que podemos alcanzar para Cristo en esta ciudad?". La respuesta obvia es que no. Quizás no podemos el día de hoy alcanzar a 1.000 personas. De hecho, aunque los ojos de la imaginación de muchos lo alcanzaran a ver, la realidad es que con una congregación de 50, si el domingo siguiente llegaran 1.000, ¡sería un caos! Tendríamos problemas de falta de estacionamiento, falta de sillas, equipos de sonido insuficientes, el departamento de niños estaría desbordando con niños llorando y mamás frustradas queriendo salir huyendo de aquel lugar caótico, etc. Como resultado, la gente tendría una muy mala experiencia y probablemente no regresaría jamás. ¡No tendríamos como atender a sus necesidades! ¡No tendríamos siquiera los líderes y voluntarios necesarios!

Así es que con un grupo de 50 quizás no puedas alcanzar a 1.000, pero sí puedes alcanzar a 75, solo por decir un número. Esto la gente lo puede ver fácilmente. Es una meta alcanzable. Incluso le puedes poner la fecha de para cuándo planeas hacerlo. Esto te dará margen para prepararte para recibir a los 75 cuando lleguen. Al entender la gente cuál es el objetivo numérico, entonces la gente puede trabajar hacia ello sabiendo si se está alejando o acercando a la meta trazada.

Luego cuando llegues a los 75, vuelves a hacer la misma pregunta: "¿Es esta la mayor cantidad de personas que podemos alcanzar para Cristo en esta ciudad?" Quizás los 1.000 estarán lejos aún, pero 100 están más cerca. Entonces trabajas para alcanzar el siguiente número. ¡Te aseguro que cuando menos lo pienses, tus números habrán crecido exponencialmente!

SUMANDO O MULTIPLICANDO

Hay una relación directa entre el crecimiento y la rapidez con la que puedes formar líderes para ayudarte a llevar la carga de la iglesia. Al principio es una suma. Comienzas a sumar gente, y parece lento. Pero ni bien logres crear (o copiar) sistemas de discipulado y sistemas de formación de líderes, el trabajo se comenzará a multiplicar. De hecho, una iglesia saludable está hecha de muchas personas sirviendo con un buen espíritu y con una misma visión.

También tienes que tomar en cuenta que a medida que crezcas, las necesidades crecerán contigo. De hecho, por lo regular las necesidades crecen un poco más rápido que la manera de solucionarlas. El trabajo del líder es tratar de anticipar esas necesidades.

Un error muy común que cometen muchos plantadores es el de querer comenzar una congregación con todos los departamentos desde el inicio. Cuando tienen 30 personas reunidas, comienzan a hacer un grupo de alabanza contemporánea (guitarra eléctrica, batería, luces, humo, etc.), arrancan con un grupo de jóvenes, y también con un grupo de mujeres. La realidad es que con 30 personas no puedes hacer mucho. Pondrás a tocar en la alabanza a los hijos de los voluntarios, que son los mismos que quieres que hagan el grupo de jóvenes. Intentarás hacerlo todo, pero en el esfuerzo tal vez no logres darte cuenta de que hay varias cosas que suceden que van en tu contra. Por empezar, el enfoque y el trabajo de todos estará orientado a suplir las necesidades de esos 30, y entonces se olvidarán de traer gente nueva, porque el esfuerzo se concentrará en "los ministerios" que, como vimos, solo están intentando servir a esos 30 con los pocos obreros y los pocos recursos que hay. Después de un tiempo, lo más probable es que te encuentres frustrado porque seguirás teniendo el mismo número de personas.

Los números son un indicador que te muestra en qué estadío estás, y debes saber leerlos. Tal vez puedas escribir algunas metas numéricas que te ayuden a orientarte en las distintas etapas del crecimiento. En cada una de ellas, solo podrás hacer ciertas cosas. Si te adelantas, entonces probablemente tu iglesia no crecerá.

El Pastor Carey Neighhof, quien se dedica a enseñar sobre cómo plantar iglesias, comenta que para que una iglesia pueda comenzar a crecer exponencialmente, primero tiene que llegar a alrededor del número de 200 personas. Antes de eso, es muy difícil crear un ambiente de alabanza y adoración congregacional. Y antes de eso, no existe una economía como para rentar o invertir en la obra.

¿Qué hago entonces antes de llegar a los 200? Compartir la visión, e ir paso a paso. Ir creciendo de a poco, usando los números como guía y como indicador. Ir previendo qué necesitarás en cuanto a economía, estructura y organización si llegan 75 personas, o 100, o 150, y compartir con la gente tu visión y tus metas concretas. Cuando la gente pueda verlo con los ojos de la imaginación, podrá caminar hacia allá.

LOS NÚMEROS NOS CUENTAN SOLO PARTE DE LA HISTORIA

Los números son herramientas. Los números son indicadores. Los números hablan y orientan. Sin embargo, una de las frases que siempre repito en nuestras juntas de liderazgo al referirme a algún número es esta: "Los números nos dicen una parte de la historia, pero no nos dicen toda la historia". Como pastor o líder, tú debes tener cuidado con esto.

Nosotros en Central medimos varias cosas aparte de la asistencia, lo cual nos ayuda a saber si nos estamos alejando o acercando a nuestra meta. Por ejemplo, medimos cuánta gente recibió a Cristo en cada periodo de tiempo, los cuales duran seis meses. Ese número nos indica si hay gente nueva llegando a la iglesia o no. Medimos también cuánta gente se bautizó. Ese número nos indica cuántos realmente se han comprometido con Cristo en ese periodo de tiempo. Así, cada número nos da un indicador de cómo vamos. Esto nos ayuda a tomar decisiones en caso de que el barco se quiera salir de rumbo.

Hay pastores que sueñan con tener iglesias chicas porque "en las grandes no se siente lo mismo". ¡Claro que no! De hecho, no es lo mismo tener 50 personas que tener 100 o tener 500. Las necesidades y los problemas son distintos, y la organización tiene que ir cambiando dependiendo del número. Pero recuerda que la primera iglesia comenzó con unos 5.000 hombres bautizándose con Pedro. Y solo contaron a los hombres, pero los eruditos bíblicos estiman que la cantidad total de personas que se convirtieron ese día en la primera iglesia fue de entre 12.000 y 20.000. ¡La primera iglesia comenzó como una megaiglesia!

Te reto a que sueñes en grande, pero no alocadamente como si se tratara de un viaje psicodélico. Sueña en alcanzar a la mayor cantidad de personas para Cristo. Al hacerlo, no te limites. Y no limites a Dios. Ponte un número como meta, y trabaja para alcanzarlo de una forma realista. Quizás el número completo no lo puedas alcanzar mañana, pero sí puedes irte acercando poco a poco con buenas decisiones y buen liderazgo.

En cuanto a nuestra visión global, al día de hoy hemos crecido a cerca de 500 personas en dos diferentes lugares en Las Vegas, lo cual es un logro dado que empezamos básicamente creando las clases de discipulado y liderazgo y los sistemas de asimilación desde cero.

Hemos hecho mucha "prueba y error". Por otro lado, Abraham Plata, quien durante un tiempo fue parte junto conmigo del equipo aquí en Central en Las Vegas, se regresó a Morelia, en México. Él abrió nuestra segunda iglesia allá, la cual está creciendo rápidamente. ¡No dudo que en cualquier momento supere numéricamente a la iglesia local de Las Vegas!

Nuestra mira sigue estando aún en México, sin dejar de lado a Las Vegas... y pensando también en Colombia, Costa Rica, y otros países de Latinoamérica, además de otras iglesias de habla hispana en los Estados Unidos. Queremos ser muy intencionales y estamos trabajando para llegar ahí. Aunque a veces parece que la visión se ha tardado mucho, la realidad es que en poco tiempo hemos alcanzado a muchas personas, y los números nos dicen que estamos en el camino correcto. Solo tenemos que recordar que recién estamos comenzando.

Te animo a que no le tengas miedo a los números. Cada uno representa una vida cambiada. Cada uno representa un corazón sanado. Cada uno representa a alguien que decidió entregarle su vida a Cristo. Cada uno importa.

Hazte responsable de tus números, y préstales atención. Si no lo haces, solo se aparecerá el señor que vende globos, las palomas revoloteando alrededor, y el borrachín abrazando al aire, bailando boleros al son de las canciones de alabanza que toques en tu iglesia.

ALGUNAS PREGUNTAS QUE DEBES RESPONDER:

¿QUIÉN ESTÁ DETRÁS DE ESTE LIBRO?

Especialidades 625 es un equipo de pastores y siervos de distintos países, distintas denominaciones, distintos tamaños y estilos de iglesia que amamos a Cristo y a las nuevas generaciones.

e625.com

¿DE QUÉ SE TRATA E625.COM?

Nuestra pasión es ayudar a las familias y a las iglesias en Iberoamérica a encontrar buenos materiales y recursos para el discipulado de las nuevas generaciones y por eso nuestra página web sirve a padres, pastores, maestros y líderes en general los 365 días del año a través de **www.e625.com** con recursos gratis.

zona de contenido
PREMIUM

¿QUÉ ES EL SERVICIO PREMIUM?

Además de reflexiones y materiales cortos gratis, tenemos un servicio de lecciones, series, investigaciones, libros online y recursos audiovisuales para facilitar tu tarea. Tu iglesia puede acceder con una suscripción mensual a este servicio por congregación que les permite a todos los líderes de una iglesia local, descargar materiales para compartir en equipo y hacer las copias necesarias que encuentren pertinentes para las distintas actividades de la congregación o sus familias.

¿PUEDO EQUIPARME CON USTEDES?

Sería un privilegio ayudarte y con ese objetivo existen nuestros eventos y nuestras posibilidades de educación formal. Visita **www.e625.com/Eventos** para enterarte de nuestros seminarios y convocatorias e ingresa a **www.institutoE625.com** para conocer los cursos online que ofrece el Instituto E 6.25

¿QUIERES ACTUALIZACIÓN CONTINUA?

Regístrate ya mismo a los updates de **e625.com** según sea tu arena de trabajo: Niños- Preadolescentes- Adolescentes- Jóvenes.

¡APRENDAMOS JUNTOS!

e625.com   🅕 🅣 🅞 🅞 / **e625**COM

INSTITUTO e625

CAPACITACIÓN MINISTERIAL ONLINE DE PRIMER NIVEL

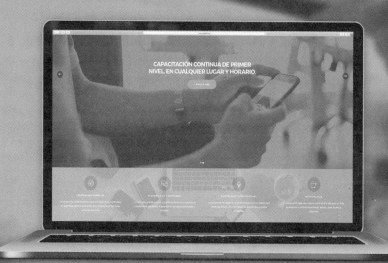

CONOCE TU CAMPUS ONLINE

www.institutoE625.com

Sé parte de la mayor COMunidad de educadores cristianos

Sigue en todas tus redes a /e625COM

¡**Suscribe** a tu iglesia **para descargar**
los mejores recursos para el **discipulado**
de **nuevas generaciones**!

zona de contenido
PREMIUM

SUSCRIPCIÓN POR IGLESIAS

Libros, Revista, Audios, Lecciones, Videos, Investigaciones y más

e625.com/premium

ALGUNAS PREGUNTAS QUE DEBES RESPONDER:

¿QUIÉN ESTÁ DETRÁS DE ESTE LIBRO?

Especialidades 625 es un equipo de pastores y siervos de distintos países, distintas denominaciones, distintos tamaños y estilos de iglesia que amamos a Cristo y a las nuevas generaciones.

e625.com

¿DE QUÉ SE TRATA E625.COM?

Nuestra pasión es ayudar a las familias y a las iglesias en Iberoamérica a encontrar buenos materiales y recursos para el discipulado de las nuevas generaciones y por eso nuestra página web sirve a padres, pastores, maestros y líderes en general los 365 días del año a través de **www.e625.com** con recursos gratis.

zona de contenido
PREMIUM

¿QUÉ ES EL SERVICIO PREMIUM?

Además de reflexiones y materiales cortos gratis, tenemos un servicio de lecciones, series, investigaciones, libros online y recursos audiovisuales para facilitar tu tarea. Tu iglesia puede acceder con una suscripción mensual a este servicio por congregación que les permite a todos los líderes de una iglesia local, descargar materiales para compartir en equipo y hacer las copias necesarias que encuentren pertinentes para las distintas actividades de la congregación o sus familias.

¿PUEDO EQUIPARME CON USTEDES?

Sería un privilegio ayudarte y con ese objetivo existen nuestros eventos y nuestras posibilidades de educación formal. Visita **www.e625.com/Eventos** para enterarte de nuestros seminarios y convocatorias e ingresa a **www.institutoE625.com** para conocer los cursos online que ofrece el Instituto E 6.25

¿QUIERES ACTUALIZACIÓN CONTINUA?

Regístrate ya mismo a los updates de **e625.com** según sea tu arena de trabajo: Niños- Preadolescentes- Adolescentes- Jóvenes.

¡APRENDAMOS JUNTOS!

e625.com   🅕 🅣 🅞 🅞 /**e625**COM

Revista
Líder 6.25

Libros
Online

Chat en
tiempo real

Suscripción de
materiales premium
para iglesias

Tienda con envíos
internacionales

Eventos de
actualización
ministerial

Seminarios para
iglesias locales

INSTITUTO

e6
25

Educación online
www.institutoe625.com

e625

te ayuda todo el año

www.e625.com te ofrece
recursos gratis